Was glückliche Paare richtig machen

● *Christian Thiel* arbeitet seit vielen Jahren als Single- und Partnerschaftsberater, veranstaltet Workshops und gibt in Einzelberatungen Tipps, wie man den Partner für immer findet und hält. Seit 1990 ist er freiberuflich als Autor und Journalist tätig, u.a. für die *Süddeutsche Zeitung*, die *Berliner Zeitung*, die *Wiener Zeitung* und verschiedene Magazine. Thiel ist verheiratet und lebt mit seiner Familie in Berlin.

Christian Thiel

Was glückliche Paare richtig machen

Die wichtigsten Rezepte für eine erfüllte Partnerschaft

Campus Verlag
Frankfurt/New York

Bibliografische Information der Deutschen Nationalbibliothek:
Die Deutsche Nationalbibliothek verzeichnet diese Publikation in der Deutschen Nationalbibliografie. Detaillierte bibliografische Daten sind im Internet über http://dnb.d-nb.de abrufbar.
ISBN 978-3-593-38163-3

Umschlaggestaltung: R.M.E, Roland Eschlbeck und Rosemarie Kreuzer
Umschlagmotiv: © Getty Images
Satz: Fotosatz L. Huhn, Linsengericht
Druck und Bindung: Druck Partner Rübelmann, Hemsbach
Gedruckt auf säurefreiem und chlorfrei gebleichtem Papier.
Printed in Germany

Besuchen Sie uns im Internet: www.campus.de

Inhalt

Einleitung

Die Liebe, Sehnsucht unserer Herzen. Sie macht uns mutiger, lässt uns unsere Kräfte spüren. Wir wachen auf mit dem Gedanken an sie, an ihn. Wir spüren, wie das Blut durch unsere Adern strömt. Freuen uns an dem warmen Gefühl im Bauch. Schweifen bei der Arbeit immer wieder ab. Spüren Sehnsucht, Vorfreude auf ein Wiedersehen. Das Leben ist schön!

Nichts im menschlichen Leben ist so bedeutend wie die Liebe. Kein noch so schöner Single-Urlaub in der Karibik. Kein Millionengewinn im Lotto. Keine Beförderung im Beruf. Liebe ist mehr als all das. Mehr als der Lottogewinn. Mehr als die Karriere. Mehr als der Traumurlaub. Nichts hebt unser Lebensgefühl so sehr. Nichts lässt uns so kraftvoll werden. Nichts stimmt uns so froh wie die Liebe.

Doch dann, eines Tages, tauchen Wolken auf am strahlend blauen Himmel. Er hat sie nicht angerufen, obwohl sie es sich doch gerade heute so sehnlich gewünscht hat. Sie hat mit seinem besten Freund geredet, und er ist sich sicher: Sie hat ihm schöne Augen gemacht! Ihr ist der Kuchen missraten und ausgerechnet an diesem Tag kam er gestresst von der Arbeit nachhause und fand kein tröstendes Wort.

Es folgt der erste Streit, die Versöhnung. Es bleibt nicht bei einem. Und eines Tages denken beide: *Hört das denn gar nicht mehr auf? Soll das denn immer so weitergehen?* Schwere Gewitterwolken verdunkeln den Himmel des Paares bis hin zum Horizont. Wie konnte es nur dazu kommen? Wo sie doch alles richtig gemacht haben. Sie haben sich zahlreiche Beziehungsratgeber gekauft und sie gewissenhaft durchgearbeitet. Spaß hat das nicht gemacht. Nächtelang haben sie diskutiert über ihre Probleme miteinander und haben dafür die früher selbstverständlichen, zärtlichen Liebesspiele geopfert. Aber was tut man nicht alles für die Liebe!

Schließlich wurde auch ein Paartherapeut zurate gezogen. Er riet den beiden, ganz offen zueinander zu sein. Das waren sie dann auch. Er hat ihr all seinen Frust über die Beziehung an den Kopf geworfen, sie hat geweint. Dann hat sie zurückgeschossen. Danach hatten beide keine Lust mehr, zusammen zu sein. Wer kann es ihnen verdenken?

Die Liebe – ein Fall für die Intensivstation?

Die Liebe ist schwierig. Die Liebe ist harte Arbeit. Die Liebe ist beinahe ein Fall für die Intensivstation. So sehen es zahlreiche Experten in Sachen Partnerschaft. Viele Therapeuten lenken den Blick der Ratsuchenden auf die Schwierigkeiten zwischen den Liebenden, auf die Fehler und Schwächen des Partners. Sie glauben, das Schiff der Liebe so wieder flottmachen zu können.

Ich sehe das anders. Die Liebe ist vor allem etwas Wunderbares. Als Single- und Paarberater erlebe ich tagtäglich, wie sehr sich Menschen nach Liebe sehnen. Doch wenn sie den Partner fürs Leben dann finden, werden Sie schnell von Problemen und Zweifeln geplagt – und finden so wieder den Weg in die Beratungspraxis, ob als Paar oder einzeln. Für mich ist der Spaß am Zusammensein wichtiger als das Wälzen von Problemen. Ich ziehe die Freude über den anderen und seine Stärken dem kritischen Blick auf seine Schwächen vor. Denn beim Schauen auf das Negative geht das Wichtigste an der Liebe verloren: die Wertschätzung des Partners, das Wissen, dass der andere ein großartiges Geschenk ist für uns und unser Leben. Eine Chance zu wachsen und zu reifen. Eine Bereicherung. Und wir selbst haben ihn uns ausgesucht!

Die Liebe ist nicht harte und unermüdliche Anstrengung. Die Liebe macht unser Leben vielmehr reicher und einfacher zugleich. Auch die Wissenschaft bestätigt diese Sicht. Sie hat in den letzten Jahren eindrucksvolle Belege dafür geliefert, wie wichtig die Liebe für unser seelisches Gleichgewicht ist. So ist zum Beispiel erwiesen, dass Menschen, die mit einem Partner leben, vier Jahre länger leben als Menschen ohne feste Beziehung.

Für viele scheint die Liebe etwas Schwieriges zu sein. Ein Blick auf die Scheidungsstatistik zeigt: Auf drei geschlossene Ehen kommen in Deutschland zwei Scheidungen. Doch was ist mit denen, die sich nicht trennen? Die auch nach zehn oder zwanzig Jahren noch eine gute Ehe führen? Was machen diese Paare eigentlich anders? Unvorstellbar, aber wahr: Lange Jahre ist kaum ein Wissenschaftler der Frage nachgegangen, wie und warum die Liebe gelingt. Niemand hat mit Paaren gesprochen, die viele Jahre zufrieden zusammenleben.

Das hat sich in den letzten Jahren zum Glück geändert. Die Wissenschaft hat die negative Brille beiseitegelegt und sich der Frage gestellt, was Partnerschaften zusammenhält. Die amerikanische Psychologin Judith Wallerstein hat eine bemerkenswerte Studie hierzu durchgeführt – mit interessanten Ergebnissen! Erfolgreiche Paare sind eingeschworene Teams, die den Widrigkeiten des Alltags gemeinsam entgegentreten. Und alle

Befragten waren sich sicher, dass sie sich als Person innerhalb der Partnerschaft besser entwickeln als ohne.

Vorsicht Fernsehen!

Der Liebe mangelt es heute an ehrlichen Fürsprechern. Schauen Sie sich doch nur einmal einen Tag lang im Fernsehen Sendungen über die Liebe an. Daran herrscht wirklich kein Mangel! Aber was erfahren Sie dort? In der ersten Sendung lernen Sie, dass Fremdgehen ganz normal ist und einer Beziehung gut bekommt, in der nächsten, dass bizarre Sexualpraktiken das beste Mittel sind, wieder Schwung in ihr ermattetes partnerschaftliches Leben zu bringen, und schließlich hören Sie im dritten Sender einen bekannten Paartherapeuten darüber reden, dass der Mensch für eine lang anhaltende und treue Beziehung nun wirklich nicht gemacht sei ...

Und wenn Sie es lange genug aushalten vor dem Fernseher, dann bekommen Sie auch noch die eine oder andere Liebesschnulze geboten – *made in Germany* oder *produced by Hollywood*. In diesen Filmen werden Menschen unverhofft von der großen Liebe ereilt und in immer währende Glückseligkeit versetzt. Sie sehen sich, es trifft sie der Blitz, Probleme haben sie später selbstverständlich nie.

Sie glauben, das alles sei harmlos? Das ist es nicht. Viele Menschen glauben, was sie da sehen. Wer auch nur einen einzigen Tag vor dem Fernseher hinter sich hat, der hat mehr Unwahrheiten über die Liebe gelernt, als sich in einem Monat wieder verlernen lässt. Und anders als bei Zigaretten müssen die Macher dieser Fernsehunterhaltung nicht einmal im Vorspann vor ihren Produkten warnen: *Achtung! Wer diesen Film sieht, der gefährdet seine Beziehung.* Es ist ein unglaublich unrealistisches Bild der Liebe, das sich unsere Gesellschaft da leistet. Ein Bild, dem jährlich viele Tausend Beziehungen zum Opfer fallen.

Glauben Sie mir: Die Liebe ist zu wichtig, um sie den Quotenjägern des privaten Fernsehens und den auflagenheischenden Schlagzeilen der Skandalberichterstattung zu überlassen. Treue und Beständigkeit – das sind meiner Überzeugung nach auch heute wichtige Voraussetzungen für eine langjährige Beziehung. Und ebenso das Wissen davon, was der Liebe Haltbarkeit verleiht und wie Paare schwierige Phasen bewältigen können.

Neue Liebe – neues Unglück?

Warum gehen so viele Paare, die hoffnungsvoll und verliebt begannen, am Ende enttäuscht wieder auseinander? Auf diese Frage gibt es viele Antworten. *Wir waren zu verschieden*, sagen viele Paare. Doch warum fühlten sie sich dann anfangs zueinander hingezogen? *Hätten sie nur gelernt, fair zu streiten*, sagen Kommunikationsexperten. Doch was waren die tieferen Gründe, die die Auseinandersetzungen so eskalieren ließen? *Neue Liebe, neues Leben, neues Glück*, wirbt eine bekannte Internet-Singlebörse für ihr Angebot. Doch warum scheitert die neue Partnerschaft nach ein oder zwei Jahren ebenfalls, wenn die euphorische Phase der Verliebtheit vorbei ist? Als Single- und Partnerschaftsberater sehe ich tagtäglich, woran Partnerschaften scheitern. Hier sind die fünf wichtigsten Gründe:

- Die Überzeugung, dass nur er, dass nur sie sich ändern müsse – dann sei endlich alles gut.

- Der Glaube, langwierige Beziehungsgespräche würden eine Partnerschaft verbessern.
- Wohlmeinende Freunde, die genau wissen, dass er »ein Idiot ist« oder dass sie »nicht mehr alle Tassen im Schrank hat«.
- Der Glaube, dass Männer und Frauen einfach nicht zueinanderpassen.
- Die Annahme, dass an einer Beziehung immer beide Partner arbeiten müssen.

Diese Ansichten sind populär und weit verbreitet. Sie sind die größten Feinde einer Partnerschaft. Wer diesen Überzeugungen anhängt, der schlägt jeden Partner in die Flucht. Oder er läuft selbst weg und ist felsenfest davon überzeugt, dass der Partner oder die Partnerin nur einfach der oder die Falsche war. Unser Denken bestimmt unser Handeln. Das gilt auch in der Liebe.

- Wer der Überzeugung ist, dass nur der andere sich ändern müsse, der wird nicht nach neuen Lösungen für Streitpunkte in der Beziehung suchen. Er wird streiten und streiten und wird doch immer scheitern. Denn jeder Streit bringt ihn unausweichlich dem Ende seiner Partnerschaft näher.
- Wer langwierige Beziehungsgespräche führt, sorgt damit nicht für die dringend nötige Verbesserung der Stimmung zwischen den Partnern, sondern trainiert den bösen Blick, den Blick auf das, was in einer Beziehung nicht so gut läuft. Den Blick auf das, was ihm, was ihr am anderen nicht gefällt.
- Wer es zulässt, dass Freunde den Partner schlechtmachen, der wird nie zu einer Lösung seiner Schwierigkeiten kommen.
- Wer glaubt, dass Männer und Frauen nicht zueinanderpassen – wie soll der die nötige Energie aufbringen, an seine

Beziehung zu glauben und sie nach Kräften zu verbessern, wenn es einmal schlecht läuft?

- Wer glaubt, dass immer beide Partner an einer Beziehung arbeiten müssen, wird immerfort versuchen, den Partner oder die Partnerin in Problemgespräche zu verwickeln. Und wird dabei alle Gelegenheiten verpassen, sich selbst über die Möglichkeiten, seine Beziehung zu verbessern, klar zu werden.

Die Liebe ist gekommen, um zu bleiben

Als Berater sehe ich aber nicht nur, woran die Liebe scheitert. Ich sehe auch, wie und warum die Liebe bleibt. Und dieses Wissen möchte ich Ihnen weitergeben. Denn es gibt sie tatsächlich, Rezepte für eine gelungene Zweisamkeit. Rezepte, wie Sie die Stimmung in Ihrer Beziehung verbessern können. Ohne langwierige Diskussionen. Ohne Problemgespräche. Ohne Streit.

Diese Rezepte sind wie Wege zur Liebe. Manche Wege sind so breit wie eine Allee und mühelos zu finden. Andere dagegen sind schmale, enge Pfade, abseits der Straßen und nur wenigen bekannt.

Die 20 Wege, die ich für Sie zusammengetragen habe, sind kein Pflichtprogramm, das Sie absolvieren müssen. Sehen Sie dieses Buch als eine Ideenwerkstatt an, in der Ihnen das ein oder andere Werkzeug sofort gefallen wird, währen Sie andere möglicherweise nicht in Betracht ziehen. Suchen Sie sich das passende Werkzeug oder den passenden Weg heraus, denn zu einer schönen und erfüllenden Partnerschaft gibt es nicht nur den einen Weg, den Königsweg, der für alle gleichermaßen gilt. Jeder Mensch ist einmalig, und so verschieden, wie die Menschen sind, so verschieden sind auch ihre Wege zur Partnerschaft.

In diesem Buch werden Sie erfahren, dass es möglich ist, ganz alleine, ohne Mithilfe Ihres Partners Ihre Beziehung zu verbessern. *An einer Beziehung müssen beide Partner arbeiten*, diese populäre Annahme über das Leben zu zweit hat schon manchen entmutigt. *Aber wenn mein Partner doch nicht will? Was soll ich dann tun*? Und so bemühen sich Frauen, ihre Männer in Beziehungsgespräche zu verwickeln, sie zur Lektüre von Ratgebern zu bewegen oder zu Besuchen bei Paartherapeuten. Und Männer bemühen sich genauso engagiert, Beziehungsgesprächen auszuweichen. Sie lassen Ratgeber ungelesen auf ihren Nachttischen liegen und weigern sich beharrlich, einen Paartherapeuten aufzusuchen.

Nur wenn beide Partner an der Beziehung arbeiten wollen, dann kann sie auch verbessert werden. Diese Ansicht ist falsch. Wer immer auf den Partner wartet, vergibt die Chance, alleine etwas für die Beziehung zu tun. Alle 20 Rezepte, die ich Ihnen im Folgenden vorstellen werde, funktionieren auch dann, wenn Ihr Partner sich weigert, mit Ihnen über Ihre Partnerschaft zu reden, oder wenn er einfach kein großes Interesse an solchen Gesprächen hat. Natürlich darf er auch gerne in diesem Buch lesen. Manchmal ist es hilfreich, wenn beide Partner daran interessiert sind, die Beziehung zu verbessern. *Nötig* aber ist es nicht. Sie werden sehen, die Rezepte funktionieren auch ohne ihn, auch ohne sie.

Eine ganz persönliche Bitte habe ich an Sie: Einerlei ob Sie neulich die erste heftige Auseinandersetzung mit Ihrem Partner hatten oder schon lange unzufrieden mit Ihrer Beziehung sind, ob Sie seit drei Tagen mit Ihrer Beziehung hadern oder seit drei Jahren – unternehmen Sie bitte keine Schritte in Richtung einer Trennung, solange Sie dieses Buch lesen. Geben Sie den 20 Rezepten für eine Liebe ohne Beziehungsstreit zunächst eine ehrliche Chance. Und entscheiden Sie dann, was Sie tun. Eine

Trennung ist immer nur *eine* Lösung. Und sie ist in der Regel nur die zweitbeste Lösung.

Ich bin davon überzeugt: Jede Liebe hat eine Chance, eine ganz einmalige und wunderbare Liebe zu sein. Keine Liebe ist als Eintagsfliege auf die Welt gekommen, als Liebe für einen Sommer oder einige Jahre. Nein! Die Liebe ist gekommen, um zu bleiben.

1. Rezept

Sorgen Sie für gute Stimmung

Evas Stimmung ist im Keller. »Seit drei Jahren fahren wir im Sommer in die Berge – und nun willst du in diesem Jahr schon wieder nicht ans Meer.« Ein Wort gibt das andere und am Ende schmollen Eva und Frank vor sich hin. Doch eine Lösung haben die beiden damit noch lange nicht. Und die schlechte Stimmung nervt Eva.

Solche Situationen kennen viele Paare. Leider erhalten sie oft die falsche Hilfe, wenn sie Unterstützung brauchen. Kommunikationsexperten etwa raten, die Probleme zu besprechen – was nicht hilft, weil die Stimmung zwischen den beiden schlecht ist. Allzu oft ist das Ergebnis solcher Gespräche nur noch mehr schlechte Stimmung. Wie sollte es auch anders sein! Beide sind mehr denn je davon überzeugt, im Recht zu sein. Und die schlechte Stimmung zwischen ihnen tut ein Übriges. Sie lässt die Nerven schnell blank liegen. In solch einer Lage ist eine Lösung nur schwer zu finden.

Oft bekommen Paare auch Hinweise, wie sie ihre Kommunikation verbessern können – was genauso wenig hilft, weil die Stimmung zwischen den beiden schlecht ist.

Mein Rat: Lassen Sie Ihr Problem doch einfach ruhen! Sie denken möglicherweise *Wenn nur erst das Problem gelöst ist, dann ist endlich auch die Stimmung zwischen uns besser.* Sie glauben, dass sie glücklich wären, wenn sie ihre Probleme miteinander lösen könnten. Man kann diese Sicht aber auch umdrehen: Wenn ein Paar glücklich miteinander ist, dann gelingt es ihm auch, seine Probleme zu lösen. Es geht dann einfach besser. Wenn also erst einmal die Stimmung besser ist, dann kommt auch eine Lösung leichter zustande.

Das Sofort-Programm

Vertagen Sie die Suche nach einer Lösung für Ihr Problem. Versuchen Sie es stattdessen mit dem Sofort-Programm für eine gute Stimmung in der Partnerschaft. Es hat schon vielen Paaren geholfen – warum nicht auch Ihnen? Das Programm dauert drei Tage und enthält sechs Schritte. Keiner davon ist verzichtbar, aber Sie dürfen gerne die Reihenfolge verändern und Ihren Bedürfnissen anpassen.

Erster Schritt: Keine Problemgespräche. Meiden Sie in den kommenden drei Tagen alle Problemgespräche. Das gilt in Evas Fall nicht nur für die leidige Urlaubsplanung, sondern auch für alle anderen Themen, bei denen sie und Frank unterschiedlicher Meinung sind. Ist die Stimmung in einer Beziehung schlecht, lassen sich für partnerschaftliche Streitfragen nur schwer Lösungen finden. Ist die Stimmung dagegen gut, findet sich leichter ein Weg.

Zweiter Schritt: Keine Kritik. Unterlassen Sie in den kommenden drei Tagen auch jede Kritik an Ihrem Partner. Er hat den Abwasch nicht gemacht? Macht nichts. Sagen Sie es ihm in höflichen Worten. Oder machen Sie den Abwasch selbst. Aber vermeiden Sie jedes kritische Wort.

Dritter Schritt: Kümmern Sie sich um sich selbst. Ihr Wohlergehen gehört, wenn die Stimmung in der Partnerschaft getrübt ist, ganz nach oben auf Ihre Prioritätenliste. Verwöhnen Sie sich, zum Beispiel mit einem Blumenstrauß oder einem Saunabesuch. Unternehmen Sie etwas. Gehen Sie mal wieder aus. Alleine oder zusammen mit einem Freund oder einer Freundin. Oder lesen Sie ein Buch. Was Sie machen, ist einerlei – Hauptsache, Sie haben Freude daran. Eine wichtige Frage hierbei: Was vermissen Sie möglicherweise schon lange?

Vierter Schritt: Nehmen Sie die Dinge in die Hand. Erledigen Sie etwas, was Sie schon seit einiger Zeit vor sich herschieben. Kaufen Sie endlich die neue Lampe für den Flur und bringen Sie sie an. Besorgen Sie sich die Unterlagen für die Fortbildung, an der Sie interessiert sind.

Fünfter Schritt: Kümmern Sie sich um Ihren Partner. Wenn die Stimmung zwischen Ihnen schlecht ist, dann hat auch Ihr Partner ein paar Streicheleinheiten für die Seele nötig. Loben Sie ihn, wenn sich eine Gelegenheit dazu ergibt. Kochen Sie ihr etwas Besonderes. Kaufen Sie ihm etwas Nettes. Und sprechen Sie nach wie vor nicht über Probleme mit ihm. Ihr Partner wird es zu schätzen wissen und sich entspannen.

Sechster Schritt: Machen Sie sich klar, was Sie an Ihrem Partner schätzen. Schreiben Sie drei Eigenschaften auf, die für ihn, die für sie sprechen. Lenken Sie Ihren Blick auf diese Weise auf das Positive in Ihrer Beziehung. Das ganze Elend der Partnerschaftsstreitereien hat viel damit zu tun, dass unsere Gedanken nur noch um das Schlechte kreisen, um das, was uns am anderen *nicht* gefällt. Um das, was wir in der Beziehung mit ihm *nicht* bekommen. Zwei Menschen sind aber immer aus guten

Gründen zusammen. Wer sich darauf besinnt, der bessert die Stimmung in der Beziehung – und darauf kommt es jetzt an.

Eva war nach den drei Tagen mit ihrem Sofort-Programm hellauf begeistert. Sie verstand sich wieder gut mit Frank. Und schließlich schlug er ganz von sich aus ein neues Urlaubsziel vor: die Kanarische Insel La Gomera. Jede Menge Wasser – für sie. Und jede Menge Berge zum Wandern – für ihn. Eva war zufrieden mit dieser Lösung, die am Ende ganz ohne Streit zustande gekommen war. »Ich habe in den Jahren zuvor immer zu schnell nachgegeben«, sagt sie nun selbstkritisch. »Wahrscheinlich war Frank gar nicht klar, wie wichtig mir mein Wunsch nach Urlaub am Meer war.«

Wer Probleme sät, wird Schwierigkeiten ernten

Das Sofort-Programm ist als erste Hilfe für Sie gedacht. Es enthält in Kurzform viele Ansätze, die Ihnen in diesem Buch immer wieder begegnen werden.

Vermeiden Sie frustrierende Auseinandersetzungen, bei denen die Stimmung immer schlechter wird. Wenn ein Paar sich streitet, entsteht schnell eine negative Spirale aus Enttäuschung, Vorwürfen, frustrierenden Gesprächen und dem Gefühl, nicht verstanden zu werden. In dieser Stimmung fällt uns immer mehr ein, was uns am anderen stört, und da der andere nicht nachgibt, sehen wir schon bald keinen Ausweg mehr. Das Sofort-Programm unterbricht diese Negativspirale, da wir dem Partner signalisieren, dass wir ihn nach wie vor lieben.

Geben Sie der guten Stimmung eine Chance. Kümmern Sie sich selbst um Ihr Wohlergehen, und sorgen Sie so für eine gute

Stimmung bei Ihnen. Wenn Sie selbst guter Stimmung sind, dann geht es auch Ihrem Partner besser.

Am wichtigsten aber: *Das Gespräch zwischen den Partnern läuft wieder besser.* Das ist auch Eva und Frank so ergangen. Sie hörten sich wieder aufmerksam zu und gingen aufeinander ein. Kein Wunder, dass sich bei der guten Stimmung dann auch eine Lösung fand.

Allerdings ist das Sofort-Programm kein Allheilmittel. Bei tiefsitzendem Groll oder bei einer weitgehenden Entfremdung der Partner, die über Jahre hinweg entstanden ist, bewirkt das Sofort-Programm nur sehr wenig. Das ist aber zum Glück selten. Weitaus häufiger ist ein ganz anderer Fall: Die positive Stimmung gefällt Ihnen so gut, dass Sie sich fragen, ob Sie wieder zu Ihrem vorherigen Verhalten zurückkehren oder nicht doch lieber Ihr Sofort-Programm auf drei Wochen oder drei Monate ausdehnen sollen.

Mein Tipp für Sie: Verlängern Sie es ruhig! Was Ihnen drei Tage lang guttut, kann Ihnen und Ihrer Partnerschaft auch drei Wochen oder Monate lang nutzen. Sorgen Sie also weiter für gute Stimmung in Ihrer Beziehung. Kritisieren Sie Ihren Partner nicht. Halten Sie den Ball flach. Hüten Sie sich vor Problemgesprächen. Denn wer Probleme sät, wird Schwierigkeiten ernten.

2. Rezept

Vermeiden Sie Streit, wann immer Sie können

»Du bist so egoistisch!«, brüllt Frank und schmeißt die Haustür hinter sich zu – das Ende eines Abends, der so schön hätte werden können. Er begann ganz so, wie viele Partnerschaftsratgeber es empfehlen. *Überraschen Sie ihn mit einem romantischen Abendessen. Ziehen Sie sich etwas Nettes an. Schauen Sie ihm verheißungsvoll in die Augen.*

Eva hatte eine Lasagne gekocht, Franks Lieblingsessen. Die roten Kerzen warfen ihren dämmerigen Schein auf das Damasttischtuch. Eva hatte sich nach der Arbeit umgezogen und sah in ihrem cremefarbenen Kleid wirklich hinreißend aus. Und auch das mit den verheißungsvollen Blicken hatte sie sich fest vorgenommen.

Es hätte ein schöner Abend werden können. Hätte. Aber Eva hatte beim Tischdecken beschlossen, heute endlich das leidige Thema Teppichboden oder Laminat mit Frank zu klären. Die beiden wollen nämlich das Wohnzimmer verschönern und können sich in der Frage des Fußbodenbelages nicht einigen. Frank will Teppichboden. Eva möchte Laminat. »Du musst dich auch mal durchsetzen gegen Frank«, hatte ihre Freundin Elvira gesagt, und Eva kam zu dem Schluss, dass Elvira Recht hatte. Sie steckte einfach zu oft zurück. Diesmal sollte es anders sein!

So nahm das Unheil seinen Lauf. Schon nach drei Gabeln

von der köstlich duftenden Lasagne war die Stimmung dahin und ein heftiger Streit begann.

Die partnerschaftliche Wende

Ich weiß nicht, wie Sie über Streiten in der Partnerschaft denken. Vielleicht glauben Sie, Streit gehöre zu einer Beziehung nun mal dazu. Er sei normal – weil alle es tun. Oder Sie gehören zu den eher harmoniebedürftigen Menschen, denen immer wieder geraten wird, sich doch ruhig mehr zu streiten – weil das angeblich für eine glückliche Partnerschaft besonders wichtig ist. Nach langen Jahren meiner Arbeit als Single- und Partnerschaftsberater kann ich Ihnen versichern: Streit ist nicht die Lösung!

Zugegeben, diese Behauptung klingt gewagt. Seit Jahrzehnten haben uns Paartherapeuten und Kommunikationsexperten zu mehr Beziehungsarbeit geraten, zu einer offeneren Streitkultur und dazu, unsere Probleme auszudiskutieren. Kontroversen wie die von Eva und Frank prägen deshalb heute den partnerschaftlichen Alltag.

Das war nicht immer so. Der Glaube, dass Probleme in Beziehungen durch langwierige, kontroverse Gespräche geklärt werden können, ist in den siebziger Jahren des 20. Jahrhunderts entstanden, als das heute gültige gleichberechtigte Partnerschaftsmodell entstand. Bis dahin wurden Auseinandersetzungen zwischen Partnern sehr einfach entschieden: In weniger wichtigen Angelegenheiten des Haushalts hatte die Ehefrau das Sagen. Alles andere bestimmte der Ehemann. Verglichen mit heute war das allerdings nicht sonderlich viel, denn 90 Prozent des Lebens regelte früher ohnehin die Konvention.

Das war zugegebenermaßen ein effektives System. Doch es war ungerecht. Die Macht lag weitgehend beim Mann. Und so effektiv die ungleiche Machtverteilung auch war, hatte sie doch für Paare unangenehme Folgen. Je weniger ein Mann seine Frau respektierte, desto geringer war die Zufriedenheit der beiden mit ihrer Ehe und desto unbefriedigender war die gemeinsame Sexualität. Ein hoher Preis also.

Die partnerschaftliche Wende in den siebziger Jahren machte mit der ungleichen Machtverteilung in Beziehungen ein Ende: Männer wie Frauen sollten jetzt gleich viel zu bestimmen haben. Doch wie sollte das ganz konkret funktionieren? Wie sollten unterschiedliche Vorstellungen in Übereinstimmung gebracht werden? Oder ganz praktisch gefragt: Bekommt Eva nun ihr Laminat oder Frank seinen Teppichboden?

Früher, vor der partnerschaftlichen Wende, war die Entscheidung klar: Eva bekam das Laminat, weil sie in Angelegenheiten des Haushalts das Sagen hatte, Frank hatte das Nachsehen. Möglicherweise hätte er sich damals um so eine Frage nicht einmal gekümmert. So einfach ist das alles heute nicht mehr. Nun hat auch Frank eine Meinung zu Dingen, die ehedem allein in ihren Bereich fielen. Und umgekehrt. Immer wieder geraten Paare deshalb aneinander. Sie finden keinen Weg, die abweichenden Wünsche zu einer für beide befriedigenden Lösung zu bringen. Also streiten sie – und zwar heftig.

Faires Streiten gibt es nicht

Macht nichts, sagen Kommunikationsexperten. Eva und Frank werden schon noch lernen, sich fair zu streiten. Dass die beiden das immer noch nicht können, ist nicht überraschend. Seit der partnerschaftlichen Wende sind gerade einmal gut 30 Jahre vergangen. Davor lagen Jahrhunderte, wenn nicht Jahrtausende der männlichen Dominanz. Die Zeit war einfach zu kurz, um so etwas wie faires Streiten in Partnerschaften zu lernen. So weit die Experten.

Weil jeder der Überzeugung ist, mit seinen Wünschen und Vorstellungen im Recht zu sein, geht es bei der Beziehungsarbeit und der offenen Streitkultur immer wieder mal recht laut zu. Auch das ist nach der Überzeugung vieler Beziehungsexperten der richtige Weg. Sie fordern uns auf, in einer Beziehung unsere Gefühle herauszulassen. Damit ist nicht gemeint, dass wir den Partner mit Komplimenten überschütten und ihm sagen sollten, wie sehr wir ihn lieben und was wir an ihm schätzen – all das, was wir zu Beginn einer Beziehung, in der Phase der Verliebtheit häufig tun. Es geht vielmehr darum, ihn mit unseren Affekten wie Wut, Eifersucht und Neid zu konfrontieren. Nach diesem partnerschaftlichen Gewittersturm – so die Theorie – soll die Luft in der Beziehung wieder rein sein.

So gesehen hätte Frank bei seinem Abgang aus der gemeinsamen Wohnung alles richtig gemacht. Er war wütend auf Eva, sehr wütend sogar. Und weil es sehr ungesund ist, Wut zu unterdrücken, hat er Eva ordentlich beschimpft und durch das Türknallen noch einmal deutlich gemacht, wie wütend er ist. Das ist offene Streitkultur, bei der keiner seine Gefühle runterschluckt.

Sie glauben, das alles war wenig hilfreich? Sie denken, Türen zu knallen und die Partnerin zu beschimpfen könnte einer Beziehung ernsthaft schaden? Sie meinen, schlechte Manieren im Umgang miteinander können in der Partnerschaft keine heilsame Wirkung entfalten? Ich sehe das genauso. Denn leider stellt sich der reinigende Effekt des Streitens in der Praxis in aller Regel nicht ein.

Warum? Zum einen sind Menschen wohl doch nicht so gestrickt, dass sie sich in einer Beziehung wohlfühlen, in der sie immer fürchten müssen, von starken Wutausbrüchen ihres Partners oder ihrer Partnerin überfallen zu werden. Die Affekte untergraben auf Dauer die Liebesgefühle eines Paares. Außerdem lenken Affekte unseren Blick auf das Negative beim Partner – oder auf das, was wir für negativ halten – und stehen deshalb der Liebe entgegen. Wer lernt, seine Wut am Partner auszulassen, der trainiert unentwegt das, was ich den *bösen Blick* nenne. Der Partner wird mit seinen Fehlern und Schwächen wahrgenommen, die er möglicherweise auch hat. Seine Vorzüge aber geraten aus dem Blick. Und das sind schlechte Voraussetzungen für eine erfüllte Partnerschaft.

Streit ist nicht die Lösung

Die Ergebnisse von offener Streitkultur und Gefühlezeigen sind nicht überzeugend. Diese Ratschläge basieren nicht auf psychologischer Forschung, sondern auf den Überzeugungen der jeweiligen Autorinnen und Autoren, doch einer wissenschaftlichen Überprüfung halten die Ansichten von der positiven Wirkung von Beziehungsarbeit, offener Streitkultur und Gefühlerauslassen nicht stand.

Der amerikanische Psychologe und Partnerschaftsexperte John M. Gottmann hat in Jahrzehnten der Forschung in seinem Ehelabor in Seattle Paare beobachtet. Er und seine Mitarbeiter haben mit Videokameras festgehalten, wie sie zusammen frühstückten oder die Zeitung lasen. Sie haben erlebt, wie Paare sich stritten und wieder versöhnten. Das Ergebnis dieser jahrzehntelangen Arbeit ist eindeutig: Streit ist nicht die Lösung.

Prof. Gottman ist selbst auch Paartherapeut und hat sich deshalb ganz besonders für Paare interessiert, die schon lange glücklich verheiratet sind. Das Ergebnis: Diese Paare haben keinen Kurs in fairem Streiten hinter sich, und sie verhalten sich auch nicht annähernd so, wie viele Paartherapeuten es immer wieder empfehlen. Sie diskutieren selten über ihre Probleme. Manche Paare tun sogar etwas, was Kommunikationsexperten für das Schlimmste überhaupt halten: Sie gehen Konflikten aus dem Weg – und sind damit erfolgreich. Diese Paare haben vor allem gelernt, sich nicht zu streiten, und sie haben Wege gefunden, aufkommendem Beziehungsstreit elegant die Spitze zu nehmen und so emotionale Verletzungen zu vermeiden.

Nun will ich Sie nicht davon überzeugen, dass Sie in Zukunft immer Ihrem Partner oder Ihrer Partnerin Recht geben sollen, auch wenn sie selbst eine ganz andere Überzeugung haben. Warum sollte Eva nicht gern das Wohnzimmer mit Laminat auslegen wollen? Oder Frank den Wunsch nach Teppichboden haben? Was ich erreichen will, ist nicht, dass Frank oder Eva um des lieben Friedens willen die eigenen Wünsche für sich behalten. Das könnte ihre Beziehung sogar gefährden. Ich will erreichen, dass die beiden sich über die Frage »Laminat oder Teppichboden« nicht streiten, sondern andere Wege zu einer Lösung gehen. Denn Streit ist nicht die Lösung.

Warum Streit nicht hilft

Sich zu streiten veranlasst den Körper, große Mengen von Adrenalin auszuschütten. Adrenalin ist ein Hormon, das den Menschen darauf vorbereitet, vor einer Gefahr zu fliehen. Er fühlt sich bedroht. Er ist in Alarmstimmung und will handeln. Das Herz schlägt schneller, der Blutdruck steigt steil an und das Blut fließt in die Muskeln. Das ist einer der Gründe, warum es im Zusammenhang mit Beziehungsstreit immer wieder auch zu Tätlichkeiten kommt. Was wenig bekannt ist: Diese körperlichen Angriffe auf den Partner gehen häufiger von Frauen aus und seltener von Männern. Unbestritten sind männliche Attacken aber gefährlicher, weil Männer in aller Regel über deutlich mehr Kraft verfügen und weil sie eher bereit sind, ihrem Gegenüber ernsthaft zu schaden.

Sich zu streiten ist für Männer noch schwieriger als für Frauen, da sich bei ihnen aus biologischen Gründen die durch das Adrenalin ausgelöste körperliche Erregung sehr viel langsamer abbaut als bei Frauen.

Sich zu streiten verringert die Leistungsfähigkeit des menschlichen Gehirns. Auch das hat mit dem Hormon Adrenalin zu tun. Es will erreichen, dass der Mensch sofort etwas tut, nicht dass er nachdenkt. Das erklärt, warum Paare in solch einer Situation nie zu einer befriedigenden Lösung finden.

Sich zu streiten verschlechtert die Stimmung in der Beziehung und verringert damit die Aussichten auf eine Lösung noch einmal.

Sich zu streiten hat auch deshalb wenig Sinn, weil etwa zwei Drittel der Streitpunkte zwischen Paaren gar nicht lösbar sind. Das liegt daran, dass die meisten Probleme in einer Partnerschaft ihre Wurzeln in grundsätzlichen Unterschieden der Partner in Bezug auf ihre Persönlichkeit oder ihr Wertesystem haben. Wenn ein Paar über diese Unterschiede streitet, dann verschwendet es nicht nur seine Zeit. Es gefährdet seine Beziehung. Jeder bringt immer wieder seine Argumente vor, um den anderen zu überzeugen.

So wie Eva: »Ich stecke einfach zu oft zurück. Diesmal soll das anders sein!« Natürlich ist ihr das nicht gelungen. Auch Frank hat bei der Auseinandersetzung mit Eva gehofft, sie auf seine Seite ziehen zu können. Und weil die beiden ihr Ziel nicht erreichen konnten, sind sie jetzt enttäuscht voneinander. Geschieht das häufiger, dann wächst die Wahrscheinlichkeit, dass sich beide dauerhaft voneinander abwenden. Besser Sie lernen, Streit zu vermeiden. Dann sind die Chancen größer, ein glückliches Paar zu bleiben.

Beenden Sie jeden Streit so schnell wie möglich.

Ein Streit ist kein schicksalhafter Vorgang, der über uns verhängt wird. Einerlei wie Ihr Partner oder Ihre Partnerin auf Streit reagiert, niemand kann Sie zwingen, bei einer Auseinandersetzung mitzumachen. *Es ist passiert, ich weiß auch nicht warum,* sagen Streitende oft später. Es hilft, wenn wir erkennen, warum es passiert. Warum ein Wort das andere gibt. Wenn wir verstehen, was einen Streit auslöst und wie wir ihn unterbrechen oder verhindern können, dann ist ein Streit kein unabänderliches Ereignis mehr.

Ein Streit ist ein Machtkampf. Das sieht man bei Eva und Frank sehr genau. Jeder der beiden will unbedingt gewinnen. Jeder will als Sieger vom Platz gehen. Doch das ist nicht möglich. Beenden Sie also jeden Beziehungsstreit, so schnell Sie können – mit einem Unentschieden! Das Ziel sollte sein, eine Lösung zu finden, die beide Partner einander näher bringt.

Tipp: Der Streitstopp

!

Vermeiden Sie eine Eskalation. Gehen Sie dem anderen aus dem Weg. Beruhigen Sie sich. Wenn die Wut verraucht ist, können Sie sich wieder besser miteinander verständigen.

Frank hätte, als er merkte wie wütend er war, das Gespräch mit Eva beenden können. Er hätte sagen können: »Ich bin sehr wütend. Ich möchte mich erst beruhigen, bevor wir weiterreden.«

Bei Frauen vergeht die erste, heftige Wut oft schon in 20 bis 30 Minuten, wenn sie sich eine Auszeit nehmen. Männer brauchen dazu etwas länger. Und wenn es auch dann keine Annäherung gibt, vertagen Sie das heikle Thema. *Wir kommen da gerade nicht weiter.* Dann sollten Sie zu Rezept Nr. 1 (siehe Seite 21) übergehen und zunächst einmal für gute Stimmung sorgen.

Vergrößern Sie die Schnittmenge. Frank hätte aber auch schon viel früher reagieren können, als Eva das Thema Teppichboden oder Laminat anschnitt. »Wir konnten uns bislang nicht einigen. Gibt es nicht noch eine dritte Möglichkeit, die wir beide gut finden?« Er hätte auf diese Weise klargemacht, dass er an einer Lösung interessiert ist, mit der beide gut leben können.

In einer Partnerschaft müssen wir unser Augenmerk auf die Schnittmenge richten, auf die Überschneidungen zwischen uns und unseren Ansichten und dem Partner und seinen Überzeugungen. Mit Argumenten ist bei unterschiedlichen Ansichten nichts auszurichten. Das ist der große Irrglaube, der dem oft propagierten Ausdiskutieren von Problemen zugrunde liegt.

Es ist ein Irrtum, dass das menschliche Handeln rationalen Faktoren folgt. Unser Handeln folgt zwar unserem Denken. Unsere Art zu denken ist aber geprägt durch die Erfahrungen, die wir in unserem bisherigen Leben gemacht haben. Jeder Mensch hat andere Erfahrungen hinter sich und ist deshalb eine eigene Welt. In einer Beziehung treffen zwei Welten aufeinander. Wer bei diesem Aufeinandertreffen die Unterschiede betont, der landet unweigerlich in einem Machtkampf.

Gehen Sie Konflikten aus dem Weg. Eva hätte das ganze Problemgespräch unterlassen können. Warum nur hat sie das Thema überhaupt aufgebracht? Es bringt nichts, ein und dieselben Argumente immer und immer wieder auszutauschen – außer schlechter Stimmung natürlich. Sie hätte sich mit Frank einen richtig schönen Abend machen können, ohne Problemgespräch und Türenknallen.

Konflikten aus dem Weg zu gehen ist – allen Unkenrufen von Kommunikationsexperten und Paartherapeuten zum Trotz – *das* Erfolgsrezept glücklicher Paare. Dem Konflikt aus dem Weg gehen darf aber nie bedeuten, dem anderen auszuweichen, sich nicht mehr mit ihm und seinen Wünschen und Vorstellungen zu beschäftigen. Und es bedeutet nicht, dem anderen aus dem Weg zu gehen.

Eva hätte das abendliche Gespräch auf die Küche lenken können. Sie weiß, dass Frank ebenso wie sie gerne einen neuen Küchentisch hätte. Der alte ist ziemlich klapprig und passt nach dem Umzug auch nicht zur neuen Einbauküche. Dieses Vorgehen wäre eine kluge Kombination von zwei Streitverhinderungsvarianten gewesen, nämlich von *Dem Konflikt aus dem Weg gehen* und *Die Schnittmenge vergrößern*. Wenn eine Einigung in der Küchentisch-Frage möglich ist, warum dann den strittigen Bodenbelag im Wohnzimmer ansprechen? Ein Gespräch über das – unstrittige – Projekt »neuer Küchentisch« passt nach meiner Überzeugung erheblich besser zu Kerzenlicht und Rotwein.

Unterlassen Sie Vorwürfe. Frank hatte sich gerade die dritte Gabel Lasagne in den Mund geschoben, als Eva ihren Angriff begann. »Kannst du nicht *einmal* nachgeben!«, schimpfte Eva, als Frank zum wiederholten Male auf seinem Wunsch bestand. Natürlich hat Frank in den acht Jahren, die er mit Eva zusammen ist, schon mehr als einmal nachgegeben. Und natürlich weiß Eva das auch. Trotzdem, wenn wir uns streiten, dann neigen wir zu solchen ungerechten Vorwürfen. Wir greifen den anderen an und lassen den Konflikt eskalieren.

Und schon ist nicht mehr der Bodenbelag im Wohnzimmer das Thema, sondern der Charakter des anderen. Wer den Charakter des Partners angreift, der hebt den Konflikt auf eine andere Ebene.

Das Ergebnis solcher Vorwürfe ist niemals Einsicht. *Ja, du hast Recht. Ich sollte wirklich öfter nachgeben* – eine derartige Antwort erwarten wir nicht wirklich. Sie ist auch nicht möglich. Das Ergebnis eines Angriffs ist absehbar, wir wissen es im Grunde von vornherein: Der andere wird sich verteidigen. Er wird ebenfalls zu einem ungerechten Vorwurf übergehen.

Vermeiden Sie Eskalation. »Du hast es gerade nötig«, hat Frank zurückgeschossen. Das wollte er nicht auf sich sitzen lassen! Hatte er nicht neulich erst die Idee mit dem Urlaub auf La Gomera gehabt? Er und nicht auf ihre Bedürfnisse eingehen? Da hörte doch wirklich alles auf!

Vermeiden Sie Eskalationen. Verständlich ist es, wenn Frank sich angegriffen fühlt und zurückschlägt, klug aber ist es nicht. »Das ist ziemlich unfair, was du da sagst«, wäre eine bessere Lösung. »Ich will mich nicht streiten«, eine andere.

Stellen Sie die Warum-Frage. Eva hätte noch eine weitere Möglichkeit gehabt, den Streit mit Frank zu verhindern. Sie hätte ihr Gespräch bei Kerzenschein und Lasagne mit einem völlig anderen Motiv führen können. *Ich will mich durchsetzen* ist ein Vorsatz, der beinahe unausweichlich in einen Machtkampf mündet. Solche Machtkämpfe zwischen Paaren hat John M. Gottman bei seinen Untersuchungen von Partnerschaftskonflikten zu Hunderten erlebt. Seine Beobachtung: »Die meisten ehelichen Streitgespräche enden ergebnislos. Paare verbringen Jahre damit, den anderen von etwas zu überzeugen. Aber das ist nicht möglich.«

Eva hätte sich stattdessen vornehmen können, herauszufinden, warum Frank so sehr an seiner Lösung hängt. Und auch Frank hätte sich die Warum-Frage stellen können. Warum ist ihr das Laminat so außerordentlich wichtig? »Der andere möchte nicht überzeugt werden«, sagt Prof. Gottman. »Er möchte verstanden werden.«

3. Rezept

Lieben Sie Ihren Partner, wie er ist

Könnte er sich nicht manchmal etwas schicker anziehen? Sollte sie nicht öfter mal einen Abend zuhause bleiben? Kaum sind die Flitterwochen der Liebe vorbei, beginnt das Umerziehungsprogramm: Der andere soll sich ändern. Er soll sich unseren Vorstellungen anpassen. Doch das funktioniert nicht. Je mehr wir am anderen herumkritisieren, desto mehr leidet die Liebe. Und ändern tut der andere sich auch nicht. Lieben Sie Ihren Partner also besser, wie er ist.

Sich zu lieben bedeutet, den anderen zu akzeptieren. Ohne Wenn und Aber. Sich zu lieben bedeutet, Ja zueinander zu sagen. Nicht: *Ja, aber du darfst nie wieder karierte Socken tragen.* Oder: *Ja, aber die langen Telefonate mit deinen Freundinnen, die hören jetzt auf.* Und auch nicht *Ja, wenn du in Zukunft auf deine geliebten Fußballnachmittage vor dem Fernseher verzichtest.*

Wir wollen geliebt werden, so wie wir sind: mit unseren Stärken und Schwächen, mit unseren Vorzügen und Fehlern, mit unseren starken und unseren schwachen Momenten.

Den anderen zu akzeptieren, wie er ist, das ist selbst dann die beste Strategie, wenn Ihnen die eine oder andere Veränderung am Verhalten, am Denken oder an der Persönlichkeit Ihres Partners ganz recht wäre. Wer sich grundsätzlich als Persönlichkeit akzeptiert fühlt, der entspannt sich. In dieser

Stimmung ist er zu einer Veränderung eher bereit und in der Lage, als wenn er unter Druck steht. Denn wer sich unter Druck gesetzt fühlt, konzentriert sich darauf, sich zu verteidigen.

Der böse Blick

Es ist schon einige Jahre her, als mich nach einem Vortrag über Partnersuche eine Frau ansprach, die keinen Partner fand. Immer wieder interessierten sich Männer für die gut aussehende 38-Jährige. Doch immer wieder verschwanden diese Männer ebenso schnell, wie sie aufgetaucht waren. »Was mache ich nur falsch?«, wollte Barbara wissen.

Mit dem letzten Mann hatte sie sich dreimal getroffen, bevor er verschwand. Bei der ersten Verabredung hatten die beiden heftig miteinander geflirtet. Bei der zweiten hatte er ihr tief in die Augen geschaut und immer wieder Komplimente gemacht. Die Sache lief gut, das war für sie zu spüren. Was aber war beim dritten Treffen passiert? Warum hatte er sich danach einfach nicht mehr gemeldet und war für sie auch nicht zu erreichen gewesen? »Ich fand ihn wirklich nett und dachte, da Ehrlichkeit in einer Beziehung sehr wichtig ist, sage ich ihm, was mich alles an ihm stört.« Und das war wohl eine ganze Menge. Barbara hatte schon viele Männer nach einigen wenigen Treffen mit ihrer »Ehrlichkeit« frustriert. Nun war sie ratlos. Warum verschwanden die Männer immer so plötzlich aus ihrem Leben?

Manche Leserin und mancher Leser mag da die Stirn runzeln über so viel Naivität. Zu Beginn einer Beziehung machen wir Komplimente und schöne Augen, wir sagen dem anderen, was wir an ihm anziehend finden, und bewundern ihn – aber ein regelrechtes Strafgericht über den anderen, nein, das ziehen wir in dieser Phase der Liebe nicht in Erwägung. Wir spüren instinktiv, dass Kritik am anderen sich nicht mit der Liebe verträgt, und verhalten uns entsprechend.

Später aber, wenn unsere Liebe in die Monate oder die Jahre kommt, ändert sich das. Dann wagen wir den bösen Blick. Warum nicht dem anderen sagen, was an ihm nicht stimmt? Wer sich gegenüber seinem Partner oft kritisch verhält, leidet nach Ansicht von Psychotherapeuten häufig unter Selbstzweifeln. Der Grund für die Kritik am anderen ist die Kritik, die man regelmäßig an sich selbst übt. Wer sich selbst für unzulänglich hält, der sucht beim anderen und bei sich selbst regelrecht nach etwas, was fehlt. Er trainiert den bösen Blick.

In dem genannten Beispiel trainiert Barbara den bösen Blick schon lange bevor eine Beziehung entstehen kann. Dabei verpasst sie unbeabsichtigt den Sinn der Liebe. Denn der Sinn der Liebe besteht darin, den Partner zu akzeptieren, wie er ist.

Stoppen Sie das Umerziehungsprogramm

Der Glaube an die Notwendigkeit, den Partner umzuerziehen, hat in unserer Kultur eine lange Tradition, nur waren es lange Zeit ausschließlich die Frauen, die umerzogen werden sollten, ja mussten. In der Weltliteratur hat das männliche Umerziehungsbegehren deutliche Spuren hinterlassen, von Shakespeares *Der Widerspenstigen Zähmung* bis hin zu George Bernard Shaws *Pygmalion*.

Bei allem Fortschritt, den die partnerschaftliche Wende der siebziger Jahre mit sich gebracht hat, hatte sie doch einen großen Nachteil: Heute glauben auch viele Frauen, der Sinn einer

Partnerschaft bestünde in der Umerziehung des Partners. Und ihr Glaube an die Veränderbarkeit des Menschen scheint dabei keine Grenzen zu kennen.

Viele Frauen haben mir von *abgründigen Verhaltensweisen* und *albtraumhaften Angewohnheiten* ihrer derzeitigen Männer berichtet. Auch mancher Mann redet so von seiner Frau. Aber warum nur sind sie dann mit ihnen zusammen, wenn es so schreckliche Männer oder Frauen sind? Haben sie das, was sie später störte, zu Beginn nur einfach nicht bemerkt? Oder haben sich die Partner zu Anfang gut verstellt?

Diese empfindliche Wahrnehmung ist nach meiner Überzeugung das Ergebnis des bösen Blicks. Alle diese Männer und Frauen sprechen nicht von dem, was sie an ihren Partnern schätzen, oft nehmen sie es auch gar nicht mehr wahr. Sie schauen nur noch auf das, was sie am anderen stört. Sie reden ausschließlich von *den* Dingen, die ihnen *nicht* gefallen. Wenn man ihnen eine Weile zuhört, dann könnte man glauben, sie stünden kurz vor der Scheidung.

Die Vorzüge des Partners

Hand aufs Herz: Sehen Sie manchmal auch nur noch das Schlechte an Ihrem Partner oder Ihrer Partnerin? Glauben Sie mir, die Negativität, die hinter dem bösen Blick steht, kann eine Beziehung langfristig zerstören, denn mit ihr geht eine Vielzahl von schlechten Gefühlen einher. Der andere wird abgewertet oder sogar verachtet. Dann ist er nicht mehr anders, sondern er ist falsch.

Übung: Das Gute sehen

Schreiben Sie mindestens drei Dinge auf, die Ihnen an Ihrem Partner gefallen. Richten Sie Ihren Blick damit ganz bewusst auf das Positive an Ihrer Beziehung. Und seien Sie sich sicher, es gibt sie, die positiven Seiten – ansonsten wären Sie beide kein Paar. Die Liebe lebt nicht von unseren negativen Gefühlen, sondern von positiven Emotionen. Die werden durch diese Übung verstärkt.

Besinnen Sie sich einfach am Ende eines jeden Tages auf einige der Eigenschaften, für die Sie Ihren Partner bewundern. Sie brauchen das nicht lange zu tun, einige Minuten genügen. Seien Sie für einige wenige Minuten dankbar für alles, was Ihnen an Ihrer Beziehung gefällt. Dankbarkeit – das klingt ein wenig altmodisch. Aber es ist hilfreich.

Fragen Sie sich am Ende eines Tages auch ganz konkret, was Sie an Ihrem Zusammensein mit Ihrem Partner an diesem Tag genossen haben. Was war schön?
Und schließlich überlegen Sie sich, wie Sie das Ihrem Partner, Ihrer Partnerin mitteilen könnten. Von dem, was wir am anderen schätzen, reden wir im Laufe der Jahre kaum mehr.

Machen Sie diese Übung auch an Tagen, an denen Ihnen eigentlich nicht danach ist, weil Sie mit der einen oder anderen Eigenschaft Ihres Partners hadern, weil Sie sich gestritten haben oder weil Sie durch die Arbeit oder andere Ereignisse in Ihrem Leben so gestresst sind, dass Ihnen Ihr Partner heute wirklich nichts recht machen kann. Machen Sie diese Übung *gerade* auch an diesen Tagen! – damit die Liebe bleibt.

4. Rezept

Nehmen Sie die Dinge selbst in die Hand – lösen Sie Ihre Probleme

Sie fühlen sich schön. Sie fühlen sich stark. Sie fühlen sich mutig. Ihr Chef hat Sie gerade heute in höchsten Tönen vor allen Kollegen für Ihre hervorragende Arbeit gelobt. Ihre Tochter kommt mit einer Eins in Mathematik nachhause. Und Ihr Mann kann es wieder einmal nicht lassen und streichelt Ihnen schon lange vor dem Zu-Bett-Gehen zärtlich über den Rücken. Das Leben ist großartig!

Aber es kann auch völlig anders sein: Schon beim morgendlichen Blick in den Spiegel fühlen Sie sich schlecht. Sind da nicht Tränensäcke unter den Augen? Ihr Chef entzieht Ihnen Ihr wichtigstes Projekt, und Sie haben das Gefühl, Ihre Kollegen achten Sie nicht mehr so sehr. Ihr Sohn kommt mit einer Fünf in Englisch nachhause. Ihre Stimmung ist im Keller. Bei der Laune kann Ihr Mann Ihnen nichts recht machen: Er lässt das Essen anbrennen, er bringt ihnen keinen Blumenstrauß mit, und dann hat er auch noch die Frechheit, Ihnen abends eindeutige Avancen zu machen.

Halt! Stopp! Glauben Sie mir: Beziehungsstreit hilft Ihnen in dieser Situation nicht weiter. Beziehungsdiskussionen kosten Zeit und Energie. Allzu oft folgen sie einem bekannten Ritual: Einer macht Vorwürfe. Der andere kontert mit Gegenvorwürfen – so wie wir das bei Eva und Frank gesehen haben. Anschließend ist die Stimmung noch schlechter als zuvor.

Nutzen Sie Ihre Kraft lieber sinnvoll! Richten Sie Ihre Energie auf das lohnendere Ziel: Fangen Sie bei sich selbst an. Übernehmen Sie die Verantwortung für Ihr Leben.

Probleme lösen – im Alleingang

Nicht immer müssen alle Probleme gemeinsam gelöst werden. Wenn Sie selbst sich aufraffen, etwas anzupacken, fühlen Sie sich schon bald besser, und das strahlen Sie auch aus. Übernehmen Sie die Verantwortung für Ihr Leben, und lösen Sie Ihre Probleme – im Alleingang. Wie? Zum Beispiel:

!

Tipp: Treiben Sie Sport

Nehmen Sie sich Zeit dafür, wenn Sie von der Arbeit kommen. Dann sind Sie angespannt und brauchen erst mal Zeit für sich. Sport hilft zwar nicht gegen die Falten, die Ihnen morgens im Spiegel aufgefallen sind. Dafür fühlen Sie sich aber jünger und vitaler.

!

Tipp: Bemühen Sie sich bei der Arbeit um eine neues, spannendes Projekt

Oder schauen Sie sich nach einer anderen Arbeitsstelle um. Es muss ja nicht gleich klappen. Sie fühlen sich bereits besser, wenn Sie es nur versuchen. Und Sie können sich auf Ihrer jetzigen Arbeitsstelle mit Ihren Vorstellungen leichter durchsetzten, wenn Sie wissen: Ich habe Alternativen.

!

Tipp: Kümmern Sie sich um einen geeigneten Nachhilfelehrer für ihren Sohn.

Vergessen Sie aber bitte nicht, Ihren Nachwuchs angemessen an den Kosten zu beteiligen. Er ist mit 15 Jahren alt genug, zu begreifen, dass es Folgen hat, wenn man in einem Fach wie Englisch einfach nicht mehr lernt.

Auf diese Weise bekommen Sie wieder Oberwasser. Wenn Sie dagegen vor Problemen stehen und nichts tun, dann fühlen Sie sich ohnmächtig. Ihr Selbstwertgefühl sinkt. Damit steigt die Gefahr, dass Sie sich zusätzlich noch in sinnlosen Nebenkämpfen verzetteln. Ein geringes Selbstwertgefühl macht anfällig für schlechte Stimmungen aller Art. Also nehmen Sie die Dinge lieber selbst in die Hand.

Vergessen Sie auch nicht, sich selbst zu loben! Loben Sie sich dafür, dass Sie die schwierige Situation so gut bewältigt haben, und dafür, dass Sie Ihre Probleme gelöst und sich nicht in einen Beziehungskrach verstrickt haben. Für Erfolge dürfen wir uns ruhig selbst loben und belohnen. Wenn es schon kein anderer tut.

Nutzen Sie die Selbstwirksamkeitsüberzeugung

Selbstwirksamkeitsüberzeugung – was für ein langes und schwieriges Wort. Dabei ist die Sache selbst sehr einfach: Wer Probleme bewältigt, fühlt sich gut, einerlei welcher Art und Größe sie sind. Es reicht schon, dass wir es schaffen, die neu gekaufte Lampe zusammenzubauen und anzuschließen – gleich fühlen wir uns besser. Wir sind stolz, denn wir haben ein Stück unserer ganz persönlichen Welt verbessert, und dadurch steigt unser Gefühl, Einfluss auf den Lauf der Dinge zu haben. Psychologen nennen dieses Gefühl die Selbstwirksamkeitsüberzeugung. Zu deutsch: Wir sind davon überzeugt, in unserem Leben selbst etwas bewirken zu können.

Die Selbstwirksamkeitsüberzeugung hat einen enormen Einfluss auf das Selbstwertgefühl. Wir fühlen uns einfach besser, wenn wir Erfolg haben. Wir spüren dabei unsere Fähigkeiten, unser Können. Viele Männer und Frauen stärken ihre Selbstwirksamkeitsüberzeugung ganz instinktiv, wenn sie seelisch aus dem Gleichgewicht geraten sind. Bekannt ist bei Frauen das sogenannte Frustputzen. Weil irgendetwas schiefgegangen ist, greifen sie zum Wischeimer und hören erst dann wieder auf, wenn die Wohnung blitzt und glänzt.

Männer putzen bekanntlich nicht ganz so gerne wie Frauen, es sei denn, es handelt sich um ihr Auto. Um ihre Selbstwirksamkeitsüberzeugung zu steigern, wählen sie sich andere Tätigkeiten. Sie streichen einen Stuhl neu an, werkeln im Garten oder am Auto. Am Ende haben Männer wie Frauen das Gefühl verstärkt, Einfluss auf ihre ganz persönliche Welt zu haben. Und weil sie sich danach besser fühlen, sind ihre Chancen gut, jetzt auch andere Aufgaben zu bewältigen.

Für unseren Partner sind wir in einer solchen Verfassung sehr attraktiv. Wer Lebensfreude ausstrahlt, erzeugt in seiner Umgebung ebenfalls Lebensfreude.

Setzen Sie sich realistische Ziele. Wenn Sie den Eindruck haben, zunächst mit einem kleineren Vorhaben anfangen zu wollen – gut so. Wenn Sie dagegen gleich den größten Brocken in Angriff nehmen wollen, dann wird auch das der richtige Weg sein. Versuchen Sie dabei, Ihre Kraftreserven richtig einzuschätzen.

Sie sollten sich allerdings keine unrealistischen Ziele setzen. Eine berufliche Veränderung zum Beispiel kann ein wichtiges Ziel für Ihr Leben sein. Aber so etwas dauert seine Zeit! Setzen Sie sich in einem solchen Fall Teilziele, die Sie bald erreichen können. *Jede Woche informiere ich mich über einen neuen Arbeitgeber,* wäre so ein realistisches Ziel. Sie können bei der Reihenfolge, in der Sie Ihre Probleme oder Vorhaben angehen, wirklich nichts verkehrt machen. Folgen Sie Ihrem Gefühl.

Organisieren Sie sich Unterstützung. Wenn Sie Lösungen finden müssen, hilft Ihnen dabei soziale Unterstützung – Freunde, Familie, der Partner, Experten. Denken Sie mit anderen gemeinsam, damit geben Sie noch lange nicht die Initiative aus der Hand. Fragen Sie Ihren Mann, ob er eine Idee hat, was Sie tun können. Erwarten Sie aber nicht von ihm, dass er das Problem löst. Vermeiden Sie Vorwürfe wie *Warum kümmerst du dich eigentlich nicht um deinen Sohn? Es ist doch auch dein Kind!* Eine Stresssituation ist nicht der richtige Augenblick, um eine Grundsatzdiskussion mit Ihrem Partner zu beginnen. Vertagen Sie solche Gespräche lieber auf ruhigere Zeiten.

Suchen Sie sich Rat und Unterstützung bei Freunden. Wie ist denn die Mutter von Florian mit der Fünf in Mathe umgegangen? Welchen Nachhilfelehrer hatte ihre beste Freundin für ihre Tochter? Was kostet so etwas und was hat es gebracht? Verliert ihr Kind immer mehr das Interesse an der Schule, auch in anderen Fächern? Das sind die Fragen, auf die Sie jetzt Antworten brauchen.

Hilfreiche Antworten finden Sie oft auch bei Experten. Bei Schulproblemen kann das eine Beratung in einer guten Nachhilfeeinrichtung sein. Wenn Sie sich beruflich verändern wollen, kommt auch ein Coach infrage. Am wichtigsten aber sind in jedem Fall Ihre Freunde, die Ihnen nicht nur mit Rat und Tat zur Seite stehen, sondern Ihnen auch emotional den Rücken stärken.

Meiden Sie das Spinnennetz. Es kommt leider immer wieder vor, dass wir uns ungewollt und ohne böse Absicht in unserer Partnerschaft in Auseinandersetzungen verheddern. Am Ende zappeln wir wie eine Fliege im Spinnennetz. Wir wissen nicht vor noch zurück. Besonders leicht finden wir uns in so einer – scheinbar! – aussichtslosen Situation wieder, wenn wir eigentlich gerade ganz andere Probleme haben. Wenn das Baby Bauchschmerzen hat und wir völlig übernächtigt sind. Wenn die Arbeit mal wieder sehr anstrengend war. Wenn der Sohn den Sinn des Englischlernens partout nicht einsehen will.

Immer wenn es im Leben hoch hergeht, ist die Versuchung groß, sich mit dem Partner oder der Partnerin zu streiten. Wir suchen einen Grund, das eigene Unbehagen dem anderen in die Schuhe zu schieben. Weil er oder sie uns nicht richtig zugehört hat. Weil uns der schmutzige Topf stört, der beim Abwaschen einfach stehen gelassen wurde. Dabei könnten wir unsere Energie wirklich für Wichtigeres gebrauchen! Meiden Sie das Spinnennetz. Lassen Sie sich nicht von den wahren Problemen ablenken. Denn die haben oft gar nichts mit Ihrem Partner zu tun. Gehen Sie sie an. Besinnen Sie sich auf Ihre eigene Kraft. Sie werden sich danach garantiert besser fühlen.

5. Rezept
Pflegen Sie Freundschaften

»Musst du denn dauernd mit deinen Freundinnen telefonieren?« Frank ist beleidigt. Da hat er mit Eva mal einen ruhigen Abend eingeplant – und dann spricht Eva fast eine Stunde mit ihrer Freundin Karin. »Aber Karin hat gerade einen heftigen Streit mit Jürgen«, verteidigt Eva ihr langes Telefonat. »Außerdem ist Karin auch immer für mich da, wenn ich sie brauche.«

Jürgen, das ist Karins Mann. Eva ist schon lange mit Karin befreundet und Karin hat ihr schon in mancher schwierigen Stunde beigestanden. Immerhin ist Karin schon seit 15 Jahren verheiratet, während Eva erst seit acht Jahren mit Frank zusammen ist. Karin hat also eine Menge Vorsprung und kann Eva oft weiterhelfen.

Manchmal treffen beide Paare sich auch zu viert. Eva bespricht mit Karin, wie es ihr mit ihrem nörgeligen Chef ergeht und welche Probleme sie neulich mit Frank durchgestanden hat. Karin erzählt von den beiden Kindern, Paul und Lena, und welche Sorgen sie sich macht, ob ihre Tochter den Übergang zum Gymnasium gut schafft.

Frank erzählt Jürgen derweil von seinen neuesten Erfolgen in seiner Firma und gibt ihm Tipps für den Computer. Dafür ist Jürgen immer sehr dankbar. Zum Ausgleich bringt er Frank alljährlich eine Kopie der neuesten Software für die Steuererklärung mit. Frank käme nie auf die Idee, mit Jürgen über seine

Beziehung zu reden, und auch Jürgen fiele es nicht im Traum ein, solche Themen anzusprechen. Trotzdem, auch Frank und Jürgen würden sich als Freunde bezeichnen und wären erstaunt, wenn jemand das anders sähe. Die beiden finden die gemeinsamen Unternehmungen immer klasse und können gar nicht verstehen, warum Eva und Karin sich gelegentlich auch mal ohne sie treffen wollen.

Männerfreundschaften – Frauenfreundschaften

Offensichtlich verstehen Männer und Frauen häufig etwas Grundverschiedenes unter Freundschaft. Frauen haben in der Regel eine beste Freundin und sprechen auch mit anderen Freundinnen gerne und viel über ihr Gefühlsleben. Männer dagegen neigen dazu, Gespräche im Sachlichen zu belassen: Arbeit, Autos, Fußball, Computer, vielleicht noch Politik. Und dabei bleibt es leider auch, wenn es in ihnen wegen einiger Misshelligkeiten in der Partnerschaft dampft und brodelt. Am liebsten reduzieren manche Männer das lästige Reden gleich auf das Allernötigste und gehen angeln. Schweigend sitzen sie dann nebeneinander und gratulieren sich am Ende zu ihrem jeweiligen Fang.

Von Frauen dürfen Sie solch einen Minimalismus nicht erwarten. Ob Sie es glauben oder nicht, Männer sind stolz darauf, dass sie auch ohne viele Worte so prima zurechtkommen. Das männliche Freundschaftsverständnis funktioniert oft hervorragend. Aber in Zeiten von Krisen – in der Beziehung oder im Beruf – hat es echte Tücken. Ihnen fehlt dann der emotionale Rückhalt durch andere. Untersuchungen zufolge haben zwei Drittel aller deutschen Männer keine Freunde, mit denen sie über persönliche Probleme sprechen. Das führt in vielen Partnerschaften zu Problemen.

Frank versteht überhaupt nicht, wozu Eva Beziehungsdinge mit Freundinnen besprechen will. *Sie hat doch ihn!* Und andere geht das, was zwischen ihm und Eva passiert, nach seiner Überzeugung auch gar nichts an. Viele Männer bestehen wie Frank hartnäckig darauf, dass allein ihre Partnerin für alle seelischen Belastungen und Nöte zuständig ist. Durch diese männliche Anspruchshaltung fühlen sich Frauen häufig überfordert.

Die Frau soll dem Mann Geliebte sein, beste Freundin und Mutter. Als wär's damit nicht genug, soll sie den Alltag samt Haushalt, Freunden und Kindern managen und dazu gern auch noch ihren Job. Kein Wunder also, dass laut statistischen Erhebungen drei Viertel aller Ehescheidungen von Frauen eingereicht werden.

Fast alle Männer hatten in ihrer Kindheit und Jugend gute Freunde, doch wie wichtig diese auch im Mannesalter sind, um ihre Partnerin nicht zu überfordern, begreifen viele leider oft erst zu spät.

Wer Freunde hat, lebt länger

Expertinnen und Experten sind sich einig: Intensive Freundschaften sind für den Menschen lebenswichtig. Einsamkeit verkürzt nachweislich bei Männern wie Frauen das Leben. Wer in einer festen Beziehung lebt, lebt länger als ein Single. Das gilt ganz besonders, wenn er glücklich mit seiner Beziehung ist. Wer viele Freundschaften hat, lebt ebenfalls länger.

Frauen haben eine höhere Lebenserwartung als Männer. Viele Psychologen führen dies auch darauf zurück, dass Frauen mehr und intensivere Freundschaften haben als Männer. Wenn das *starke Geschlecht* durchschnittlich acht bis neun Jahre früher stirbt als das vermeintlich schwache, so unter anderem wegen seiner mangelhaften sozialen Vernetzung.

Bekannt ist auch der sogenannte Rentnertod, den insbesondere Männer erleiden und der eng mit einem Mangel an Kontakten zusammenhängt. Arbeit verschafft uns Bestätigung und Anerkennung. Sie hält uns geistig in Schwung und bringt uns mit anderen Menschen in Kontakt. Wissenschaftliche Untersuchungen kommen zu dem klaren Ergebnis, dass Menschen, die länger arbeiten, auch länger leben. Ohne die Arbeit, ohne den täglichen Kontakt zu den Kollegen sind viele Männer schon bald nur noch ein Schatten ihrer selbst. Sie verlieren die Freude am Leben und sterben.

Freundschaften machen Beziehungen stabiler

Freundschaften befreien uns von der unrealistisch hohen Erwartung, ein Partner, eine Partnerin habe sämtliche Wünsche und Bedürfnisse zu erfüllen. Eva interessiert sich nicht für Fußball? Kein Problem. Mit Rolf oder Thomas, weiß Frank, ist ein Fußballnachmittag vor dem Fernseher garantiert ein Vergnügen.

Freundschaften bieten Gesprächsstoff und beugen so der Langeweile in der Beziehung vor. So kommt denn auch die Wissenschaft zu dem Ergebnis: Eine Partnerschaft ist besser, wenn sie nach außen offen ist.

Freundschaften sind eine große Hilfe, wenn wir vom Partner nicht das Verständnis bekommen, das wir brauchen. Weil er zurzeit mit sich selbst zu sehr beschäftigt ist. Weil er die Dinge völlig anders sieht. Weil er andere Interessen hat als wir. Reagiert der Partner oder die Partnerin nicht verständnisvoll, sind Freunde die besseren Gesprächspartner. Sie versorgen uns mit dem wichtigen Lebenselixier der Anerkennung und entlasten auf diese Weise wieder die Partnerschaft.

Freundschaften können ein Rettungsanker sein, wenn die Wellen über Ihnen zusammenzuschlagen drohen. Allzu oft fehlt Menschen solch ein Rettungsanker, wenn sie schwierige persönliche Probleme haben. Doch Schwierigkeiten mit sich alleine auszumachen, das ist nicht nur schwer, in manchen Fällen ist es sogar gefährlich. Denn ohne einen Gesprächspartner sind wir oft nicht in der Lage, Lösungen zu finden.

Gute Freunde unterstützen in wichtigen Lebensfragen, bei Problemen und helfen auch in Sachen Liebe. Freundschaften fangen uns auf, wenn es in der Beziehung knirscht. Einem guten Freund oder einer guten Freundin sein Herz ausschütten zu können, das tut der Seele gut. Es hilft, das Problem mit mehr Abstand und auch mal aus einer anderen Perspektive zu betrachten.

Pflegen Sie Ihre Freundschaften. Lassen Sie sich nicht davon irritieren, wenn Ihr Partner oder Ihre Partnerin wenig Verständnis für Ihr Bedürfnis nach intensiven Freundschaften hat, nach Freundschaften, in denen nicht nur über die Arbeit oder den Computer gesprochen wird, sondern auch über Privates, Persönliches und Intimes.

Halten Sie an Ihren Freundschaften fest. Bestehen Sie aber nicht darauf, dass auch Ihr Partner unbedingt Freundschaften pflegen muss. Eine Partnerschaft ist nicht dazu da, dem anderen Vorschriften zu machen. Lassen Sie lieber Ihr Vorbild wirken. Bleiben Sie bei Ihrer Haltung: Sie brauchen Freunde, um sich wohlzufühlen. Wer weiß – vielleicht ändert er seine Einstellung dann irgendwann.

Falsche Freunde

Gute Freunde oder Freundinnen sind oft regelrechte Coachs in Sachen Liebe. Doch gerade bei heiklen Themen, wie Beziehungskonflikten, ist es nicht einerlei, mit wem Sie darüber reden. Neulich etwa war Frank ziemlich sauer auf Eva. »Ich lasse mir doch von deiner Freundin Gudrun nicht vorschreiben, ob ich mir einen Flachbildschirm kaufe oder nicht. Was mischt die sich überhaupt in unsere Angelegenheiten ein?«

Gudrun, das ist die Tennispartnerin von Eva. Die beiden kennen sich erst ein paar Jahre, seit Eva entschieden hat, dass sie mehr Bewegung braucht, und in einen Tennisclub ging. Nach dem Spielen trinken die beiden immer noch einen Kaffee zusammen, und neulich hat Eva Gudrun bei dieser Gelegenheit von der Sache mit dem Flachbildschirm erzählt. Eva hält den Kauf eines neuen Computerbildschirms nicht für wichtig. Und Gudrun hat Eva gleich Recht gegeben. Frank wiederum hat das gar nicht gepasst. Zu Recht. Gudrun ist schon seit Jahren Single. Nie würde Gudrun einmal Frank zustimmen und damit ihrer Freundin Eva widersprechen. Und an Männern lässt sie, wie Frank weiß, selten ein gutes Haar.

Manche Freunde und Freundinnen gießen, so wie Gudrun, regelrecht Öl ins Feuer, statt die Wogen zu glätten und auch mal für die Haltung des anderen Verständnis zu wecken. Es gibt viele Männer, die über Frauen mit Vorliebe schlecht reden, und auch Frauen reden gerne schlecht über Männer. Für eine Partnerschaft sind solche Gespräche nicht hilfreich. Sie können sie im schlimmsten Fall sogar zerstören.

Allzu oft landen Unterhaltungen dieser Art bei der beliebten Annahme, Männer und Frauen passen einfach nicht zueinander. Das ist eine sehr bequeme Erklärung für die Probleme, die in einer Beziehung auftreten. Wenn es daran liegt, dass Männer und Frauen einfach nicht zueinander passen, dann können wir selbst ja sicherlich nichts dafür. Diese Annahme ist darüber hinaus auch eine gute Ausrede dafür, nichts zu tun, wenn Probleme auftauchen. Und schließlich wird diese Einstellung auch von unseren Erfahrungen in den oben beschriebenen Männer- oder Frauengesprächen gefördert. Unsere Freunde und unsere Freundinnen geben uns gern Recht, wenn wir von den neuesten Unmöglichkeiten des Partners erzählen, so wie Gudrun es bei Eva macht. Wenn das kein stichhaltiger Beleg dafür ist, dass Frauen sich mit Frauen besser verstehen und Männer mit Männern!

Männer und Frauen passen einfach nicht zueinander: Wenn das so stimmen würde, dann müssten homosexuelle Paare mit deutlich weniger Streit und Auseinandersetzungen auskommen als heterosexuelle. Und davon habe ich nun wirklich noch nie gehört. Sie vielleicht?

Eine Partnerschaft ist deutlich schwieriger zu führen als eine Freundschaft. Freunde sehen sich, wenn es hochkommt, einmal in der Woche, dem Partner dagegen begegnen wir jeden Tag. Mit ihm teilen wir Tisch und Bett – was eine Vielzahl von Problemen nach sich zieht, die so in Freundschaften gar nicht erst entstehen. Haben Sie mal von zwei Freundinnen gehört, die zusammengezogen sind und sich danach noch genauso super verstanden wie zuvor? Vermutlich nicht. Das geht aller Erfahrung nach nur selten gut. Auch mit dem guten Einvernehmen zwischen Gudrun und Eva wäre sicher bald Schluss, wenn die beiden zusammenziehen würden.

Seien Sie also wählerisch, wem sie von Ihren Paarkonflikten erzählen. Besprechen Sie solche Themen nicht mit jedem Freund oder jeder Freundin. Gudrun kommt als ein Partnerschaftscoach jedenfalls nicht infrage. Als lustige Tennispartnerin hingegen schon.

Partnerschaftscoach gesucht

Suchen Sie sich einen echten Partnerschaftscoach. Ein Partnerschaftscoach sollte ein Mensch sein, der geduldig zuhört. Einer, der kluge Fragen stellen kann und Ihnen auf diese Weise zu mehr Einsicht verhilft. Einer, der Ihren Partner mag. Einer, der nicht vorschnell ein Urteil fällt. Einer, der auch Ihre Schwächen kennt. Solch ein Partnerschaftscoach ist die beste Absicherung für schwierige Partnerschaftszeiten, die es gibt.

Vielleicht wollen Sie sich ja auch gerne als Partnerschaftscoach versuchen. Ich kann Sie dazu nur ermuntern. Wagen Sie es – Sie werden es nicht bereuen. Ein guter Partnerschaftscoach zu sein, ist nicht schwer. Aber: Wenn Sie ein Partnerschaftscoach sein wollen, dann sollten Sie den Mann Ihrer Freundin oder die Frau Ihres Freundes wirklich mögen! Und Sie sollten sich mit vorschnellen Ratschlägen und Ihrer Meinung eher zurückhalten.

Wichtiger ist es, interessante Fragen zu stellen. Außerdem sollten Sie bei Ihren Gesprächen den Blick für das Wesentliche behalten. Sie sollten wissen, was Ihre Freundin an ihrem Partner schätzt, wie sie ihn kennen gelernt hat, welche unterschiedlichen Ansichten sie aus ihren jeweiligen Elternhäusern und ihren unterschiedlichen Biografien mitbringen und in Auseinandersetzungen hineintragen – ich nenne das auch gerne *die Erbschaft*, die wir mit unserem Partner gemacht haben.

Die wichtigsten Rezepte für den Umgang mit Partnerschaftskonflikten kennen Sie schon, wenn Sie dieses Buch gelesen haben. Wenn Sie es schaffen, für einen Freund ein Partnerschaftscoach zu sein, dann profitieren Sie selbst und Ihre eigene Liebe davon am allermeisten. Das ist auch der Grund, warum ich Ihnen dieses Ziel so wärmstens empfehle: Es geht nicht einfach darum, selbstlos für andere da zu sein. Wenn wir uns ernsthaft bemühen, die Liebe eines anderen Paares zu begreifen, dann fällt es uns leichter, auch unsere eigene Liebe und unseren eigenen Partner zu verstehen!

6. Rezept

Lernen Sie Ihre Erbschaft kennen

»Paare verbringen Jahre damit, den anderen von etwas zu überzeugen. Aber das ist nicht möglich«, sagt der amerikanische Psychologe und Paartherapeut John M. Gottman. Sie haben das Zitat am Ende des zweiten Kapitels schon einmal gelesen. Er fährt fort mit einem Satz, den sich nach meiner Überzeugung jeder Liebende an den Spiegel schreiben sollte: *Der andere möchte nicht überzeugt werden. Er möchte verstanden werden.*

Den Partner zu verstehen, das ist die schwierigste Aufgabe, die uns die Liebe stellt. Denn auch wenn Sie lernen, sich mit Ihrem Partner nicht zu streiten, Sie lernen, Ihre Probleme zu lösen, wenn Sie Freundschaften pflegen und immer wieder für gute Stimmung sorgen – wenn Sie sich nicht ehrlich bemühen, Ihren Partner zu verstehen, dann nützt Ihnen das alles nichts. Wenn Sie begreifen wollen, warum Ihr Partner anders ist, dann sollten Sie sich mit der Erbschaft vertraut machen, die Sie in Ihrer Partnerschaft mit ihm gemacht haben.

Was ist die Erbschaft?

Jürgen wohnte erst acht Wochen mit Karin zusammen, als es eines Morgens um halb zehn Uhr an der Tür klingelte. Er ahnte nicht, dass er an diesem regenverhangenen Novembertag ein Stück seiner Erbschaft kennen lernen sollte.

Jürgen öffnete die Tür und schaute in das ausdruckslose Gesicht eines Mannes, der ihm ein Schriftstück übergab und sich als Gerichtsvollzieher auswies. Karin hatte falsch geparkt, er wusste, dass sie das oft machte. Was er noch nicht wusste: Sie warf die Strafzettel kurzerhand weg und ignorierte die eingehenden Mahnungen. Nun stand der Gerichtsvollzieher vor der Tür, um den horrenden Betrag von 120 Euro einzufordern – für einmal Falschparken!

Wir alle haben unsere seltsamen, abgründigen und schwer zu verstehenden Seiten. Wir alle halten Dinge für wahr und plausibel, die andere für unwahr oder zumindest für unwahrscheinlich halten. »Was auf dieser Seite der Pyrenäen Wahrheit heißt, gilt jenseits bereits als Irrtum«, hat der berühmte französische Essayist Michel de Montaigne einmal gesagt. Und wir alle tun wie Karin Dinge, die andere seltsam oder abseitig finden.

Diejenigen Dinge an einem Partner zu lieben, die wir mögen, ist leicht. Aber diejenigen Dinge zu lieben, die wir nicht mögen, das fällt uns erfahrungsgemäß schwer. Der Schlüssel hierzu heißt *verstehen:* begreifen, warum der Partner so ist, wie er ist. Die Erbschaft erkennen, die wir in der Partnerschaft mit ihm gemacht haben.

Die Idee der Erbschaft ist sehr einfach: Unsere Eltern und ihre Art, die Welt zu sehen, üben gerade in einer Partnerschaft einen großen Einfluss auf uns aus. So bekommen wir in einer Beziehung immer eine recht umfangreiche Erbschaft mit. Denn der Partner bringt ja auch die gesamten Grundüberzeugungen, Traditionen und Werte seiner Herkunftsfamilie mit in die Beziehung ein.

Eltern sind für Kinder generell Vorbilder. Wir übernehmen deshalb eine Menge von ihnen. Das reicht von simplen, alltäglichen Gewohnheiten bis hin zu grundsätzlichen Lebenseinstellungen:

- Die Vorliebe des Vaters für ein abendliches Glas Wein.
- Die Art und Weise, wie die Mutter die Wäsche zusammenlegt.
- Die Einstellung der Eltern zum Autokauf – »Nie einen Gebrauchten! Man zahlt am Ende immer drauf.« –, ja sogar die Vorliebe für eine Automarke.
- Die Fähigkeit, sich etwas zu gönnen.
- Essgewohnheiten – »Bei uns gab es am Samstag immer Eintopf.«
- Die Bereitschaft, auch mal ein Risiko einzugehen.
- Die Wünsche und Vorstellungen für die Zukunft unserer Kinder.

Das alles hat natürlich auch früher schon eine Rolle gespielt, vor der partnerschaftlichen Wende. Menschen waren auch vor 50 oder 100 Jahren verschieden aufgrund ihrer unterschiedlichen Herkunft, und es war keinesfalls einerlei, wen sie sich als Partner wählten. Aber damals spielten Traditionen eine wesentlich größere Rolle als heute. Allgemeinverbindliche Traditionen regelten einen großen Teil der Dinge, die heute in Beziehungen der freien Vereinbarung der Partner unterliegen. Kein bürgerliches Paar diskutierte über die Frage, ob es sonntags in die Kirche ginge oder, wenn es sich um einen Arbeiterhaushalt handelte, am Mittwoch zum Gewerkschaftstreffen. Das alles stand felsenfest.

Heute, in unserer individualisierten Gesellschaft, ist das anders. Nichts ist mehr selbstverständlich. Und deshalb spielt die Biografie, die Erbschaft eine erheblich größere Rolle als sie es in der Vergangenheit getan hat.

Doch damit nicht genug: Der Einfluss des Elternhauses geht

noch viel weiter. Die große Nähe in einer Partnerschaft aktiviert in uns die wichtigsten Erfahrungen, die wir in der Kindheit mit Bindungen gemacht haben.

- Erstens die Beziehung zur Mutter. Sie ist in aller Regel die engste Verbindung eines Menschen, die ihn und sein Verhalten – vor allem in nahen Beziehungen – sehr stark beeinflusst.
- Zweitens die Beziehung zum Vater. Diese Bindung ist oft weniger eng, sie hat aber gleichwohl einen großen Einfluss auf die Erbschaft. Jungen lernen am Vorbild des Vaters, was es heißt, ein Mann zu sein. Mädchen, die sich mit ihrem Vater identifizieren können, lernen an diesem Vorbild, wie ihr zukünftiger Mann sein sollte.
- Drittens erben wir auch noch die Beziehung der Eltern zueinander. Wie sind sie miteinander umgegangen? Liebevoll und einander zugewandt? Nörgelig und hämisch? Distanziert und kühl? Lachten sie gerne und viel miteinander? Die Beziehung unserer Eltern ist die wichtigste Informationsquelle über die Liebe, die wir haben.

Diese drei Bindungserfahrungen aus unserer Kindheit und Jugend prägen uns und unser Verhalten in einer Partnerschaft. In einer Beziehung treffen die drei Bindungserfahrungen des Mannes und die drei Bindungserfahrungen der Frau aufeinander. Sie ahnen, dass das zu Problemen führen kann.

Zu sechst im Bett

Für das Konzept der Erbschaft haben unterschiedliche psychologische Richtungen unterschiedliche Begriffe geprägt. Am bekanntesten ist die Formulierung *Zu sechst im Bett* der amerikanischen Psychotherapeutin Nancy Wasserman Cocola. Damit ist gemeint, dass selbst in den intimsten Momenten eines Paares – also im Bett – immer noch vier weitere Personen sinnbildlich anwesend sind: die Eltern der Frau und die Eltern des Mannes.

Zu sechst im Bett ist eine wirklich schöne Formulierung und eine ungemein hilfreiche Vorstellung für ein Paar. Der Glaube, dass sich in einer Partnerschaft zwei Menschen in Liebe begegnen, losgelöst von allen gesellschaftlichen Konventionen und familiären Bindungen und Prägungen, ist eine Illusion. Eine Partnerschaft ist eine so enge Bindung, dass wir gar nicht anders können, als sie auf dem Hintergrund unserer frühen nahen Bindungen zu erleben.

Von dieser Erbschaft spüren wir im tagtäglichen Umgang miteinander oft nur wenig. Wir hinterfragen das Verhalten des Partners nicht, wenn er sich wie erwartet verhält. Aufmerksam werden wir auf unsere Erbschaft in der Regel erst, wenn das Verhalten des Partners für uns unangenehme Folgen hat.

Einen Gerichtsvollzieher vor der Tür stehen zu haben und zusätzlich zu der fälligen Ordnungswidrigkeit auch noch Mahn- und Zustellgebühren zu bezahlen – all das ist ohne Zweifel für Jürgen und sein Leben neu. *120 Euro! So viel Geld! Was um alles in der Welt hat sich Karin dabei gedacht?* Jürgen ist verärgert. Was soll er tun?

Schauen wir uns an, welche Möglichkeiten Jürgen hat, auf seine morgendliche Begegnung zu reagieren, und wie die verschiedenen Varianten sich auf seine Partnerschaft auswirken.

Die Konfrontation suchen. Jürgen könnte Karin anrufen und sie zur Rede stellen. Das Ergebnis ist absehbar. Karin wird, wenn sie angegriffen wird, nicht mit Einsicht reagieren, sondern mit Verteidigung. Und wenn Jürgen wütend auf sie ist, dann wird Karin ebenfalls wütend reagieren. Wir alle erleben das in unseren Partnerschaften hin und wieder. Besonders schwierig wird es, wenn Jürgen abwertend und vorwurfsvoll reagiert. Auf Abwertungen wie *Du spinnst ja wohl!* reagieren wir alle verärgert. Auf Vorwürfe wie *Kannst du nicht mal vernünftig parken?* ebenfalls. Abwertende Äußerungen und Vorwürfe sind der Garant für einen Schlagabtausch, an dessen Ende sich beide schlechter fühlen und keiner besser. Nichts kann verletzender sein als Worte. Abwertungen schaffen Distanz, und dauernde Abwertungen untergraben das Fundament einer Beziehung.

Bewertung: Ziehen Sie ein solches Vorgehen nicht in Erwägung. Es gibt vorteilhaftere Alternativen.

Das Problem ausdiskutieren. Jürgen könnte Karin erklären, dass ihr Verhalten falsch ist. Er könnte ihr sagen, dass es billiger ist, Strafmandate gleich zu bezahlen. Kurz: Er könnte das Problem mit ihr ausdiskutieren.

Männer schätzen dieses Vorgehen ganz besonders. Sie sind häufig der Überzeugung, dass sie rationaler handeln als Frauen. Wissenschaftlich lässt sich diese männliche Selbsteinschätzung nicht bestätigen. Eher das Gegenteil ist der Fall. So kenne ich zahlreiche Untersuchungen, in denen Frauen sich in ihren Entscheidungen als rationaler erwiesen haben. Das gilt zum Beispiel für die Partnerwahl.

Das rationale Argumentieren wird gern als eine indirekte Form des Kritisierens benutzt. Männer haben gerne Recht. Und von ihren Erkenntnissen soll dann natürlich auch ihre Partnerin profitieren. Doch ganz ohne Zweifel weiß Karin schon lange, dass es teuer wird, wenn sie ihre Strafmandate nicht bezahlt.

Bewertung: Wenn Ihnen an Ihrer Beziehung liegt, dann sollten Sie Ausdiskutieren als Lösungsweg nicht ernsthaft in

Erwägung ziehen. Versuchen Sie nicht, den Partner davon zu überzeugen, dass Sie im Recht sind. Er wird sich kritisiert fühlen – und abweisend reagieren.

Ihr das Problem schildern. »Heute Morgen stand der Gerichtsvollzieher vor der Tür«, könnte Jürgen das Gespräch mit Karin beginnen. »Du hast ein Strafmandat nicht bezahlt.« Und dann könnte er warten, wie Karin auf diesen Satz reagiert.

Bewertung: Eine sanfte Gesprächseröffnung erhöht die Chancen für einen guten Verlauf der Unterhaltung.

Karin um Rat fragen. Jürgen könnte die 120 Euro von Karin einfordern. Doch das ist für die Zukunft keine Lösung. Karin ist nämlich schwanger und seit zwei Wochen im Mutterschutz. Bald bekommt sie nur noch Elterngeld. Den Gerichtsvollzieher können Jürgen und Karin auf absehbare Zeit nur noch von seinem Gehalt bezahlen. Und damit hat er ein Problem. »Ich weiß nicht, wie ich damit umgehen soll«, könnte Jürgen zu Karin sagen. »Weißt du einen Rat?«

Bewertung: Das Problem aus der eigenen Sicht schildern und den anderen um Rat fragen ist eine besonders höfliche Vorgehensweise. Jürgen hat damit den eigenen Standpunkt vertreten. Das ist wichtig, und oft hat der andere wirklich eine Idee. Zumindest ist Karin offen für Jürgens Sicht – weil sie nicht angegriffen wird.

Die Erbschaft kennen lernen

Aus psychologischer Sicht ist das, was Karin gemacht hat, weder richtig noch falsch. Es ist erklärungsbedürftig. Überraschende und ungewöhnliche Handlungen des Partners sind oft zu verstehen, wenn wir uns darum bemühen. Dazu müssen wir allerdings seine Biografie genau kennen.

Ein Freund hat Jürgen zu einem Gespräch über Karins Verhältnis zu ihren Eltern geraten. Jürgen hat sich für diese Unterhaltung einen ruhigen Abend ausgesucht. Er hat gekocht, die Kerzen auf den Tisch gestellt und Karins Lieblingsmusik aufgelegt.

Nach seinem Gespräch mit Karin wusste Jürgen mehr über die Erbschaft, die er mit Karin gemacht hat. Er hatte erfahren, dass Karins Mutter eine impulsive Frau war, die alle Polizisten für Idioten und Politessen für überflüssig hielt. Und Karin hatte ihm erzählt, dass ihr Vater ein sehr beherrschter, pflichtbewusster, ja pedantischer Mann gewesen war. So pflichtbewusst und pedantisch, dass seiner Tochter gar nichts anderes übrig blieb, als Gegenstrategien zu entwickeln. Die reichten von einer beeindruckenden Unordnung in ihrem Zimmer über Unpünktlichkeit bis hin zu offenen Autoritätskonflikten mit ihren Lehrern.

Doch wie wird Jürgen mit seiner Erbschaft umgehen? Wir alle wissen, wie es sich mit Erbschaften verhält: Wir können sie annehmen, oder wir können sie ablehnen. Dazwischen gibt es leider nichts. *Karins zupackende Art und ihre Lebensfreude nehme ich gerne, aber ihre Strafmandate bezahlt sie in Zukunft gefälligst auf der Stelle!* – so funktioniert es leider nicht. Jürgen sollte sich seine Erbschaft in Ruhe ansehen und verstehen, wie Karin ist. Erst wenn ein Paar seine Erbschaft kennen lernt, zeigt sich, ob aus ihrer Partnerschaft auch eine dauerhafte Liebe werden kann. Viele Paare scheitern an diesem Punkt. Als Single- und Partnerschaftsberater sehe ich es immer wieder: Es dauert mindestens ein Jahr, um den Partner auch nur in groben Umrissen zu kennen. Danach gehen Beziehungen oft schon wieder in die Trennungsphase über, die dann wiederum ein, manchmal zwei Jahre dauert.

Lassen Sie es nicht so weit kommen! Machen Sie sich die Mühe und lernen Sie Ihre Erbschaft kennen. Zugegeben, sich neu zu verlieben ist leichter. Und es beschert Ihnen ein weiteres Jahr Glückseligkeit, die durch Verliebtheitshormone hervorgerufen wird. Doch auch in jeder neuen Beziehung kommen Sie unweigerlich an den Punkt, an dem die Wirkung der körpereigenen Rauschmittel verblasst und Sie den Partner realistischer sehen. Und so stehen Sie über kurz oder lang wieder vor der schwierigsten Aufgabe, die die Liebe uns stellt – den anderen zu verstehen. Weichen Sie Ihrer Erbschaft nicht aus. Machen Sie es stattdessen wie Jürgen: Lernen Sie Ihre Erbschaft kennen und nehmen Sie sie an.

Bewahren Sie Ihre Neugier

Um Ihre Erbschaft kennen zu lernen, brauchen Sie vor allem eines: Neugier. Die Neugier auf den anderen ist zu Beginn einer Partnerschaft ein wichtiger Motor der Annäherung. Wer frisch verliebt ist, der redet bis tief in die Nacht und fühlt sich dem anderen nahe. Allerdings sehen wir in dieser Phase der Liebe mehr die Gemeinsamkeiten, die uns mit dem anderen verbinden. Unterschiede blenden wir erfolgreich aus.

Das der andere auch anders ist, registrieren die meisten Menschen erst, wenn die Verliebtheit nachlässt – und reagieren mit Unmut darauf. Ihre Neugier auf den Partner, der so ähnlich schien, war groß. Ihre Neugier auf den Partner, der ganz anders ist, verfliegt. Bewahren Sie sich Ihre Neugier! Ihr Partner ist es wert, wie ein fremdes Land entdeckt und erforscht zu werden. Denn ein fremdes Land – das ist er in der Tat. Auch nach vielen

Jahren oder Jahrzehnten können Sie Neues und Unbekanntes an ihm entdecken. Jeder Mensch ist eine eigene Welt, und diese Welt will erkannt und verstanden werden.

Nach seinem Gespräch mit Karin weiß Jürgen schon viel über seine Erbschaft. Wenn er sich seine Neugier bewahrt, wird er in den kommenden Jahren noch viel mehr erfahren. Anlässe dazu wird es immer wieder geben.

Doch wie ist es umgekehrt? Kann man die Neugier auch beim Partner einfordern? Kann man ihn auffordern, sich mehr dafür zu interessieren, wie man selbst ist? Ja, man kann. Es kommt aber immer auf den Ton an. Auf Vorwürfe wie *Du könntest mich ruhig auch mal etwas fragen!* reagieren wir gereizt. Vorwürfe lassen den Partner in Opposition gehen. *Ich fände es gut, wenn du mehr über mich weißt,* klingt dagegen viel angenehmer.

Es gibt aber eine noch elegantere Lösung. Sie brauchen nicht auf neugierige Fragen des Partners zu warten, sondern Sie können auch einfach ungefragt von sich und Ihrer Vergangenheit erzählen. Auch so fördern Sie die Neugier Ihres Partners. Die Gelegenheit dazu ergibt sich zum Beispiel, wenn Sie Ihren Partner nach seinen Erlebnissen in Kindheit und Jugend gefragt haben.

So ist es auch Jürgen und Karin ergangen. Nach ihrem Gespräch über Karins pedantischen Vater und die polizistenfeindliche Mutter hat auch Jürgen angefangen, von seinen Eltern zu erzählen. Bei ihm zu hause prallten keine so starken Gegensätze aufeinander, Wortgefechte der beiden hat Jürgen nie erlebt. Und Strafmandate kannte Jürgen höchstens aus dem Fernsehen.

Verständnis und Zufriedenheit

Den anderen zu verstehen und die Erbschaft kennen zu lernen, die wir mit ihm gemacht haben, ist kein Selbstzweck. Wenn

Sie das Verhalten Ihres Partners verstehen, bewerten Sie es positiver, als wenn Sie es nicht verstehen. Verständnis dient dazu, den positiven Blick auf Ihren Partner zu bewahren. Auch wenn er gerade nicht so ist, wie Sie ihn gerne hätten. Verständnis hilft auf diese Weise, den bösen Blick erst gar nicht in Ihre Beziehung hineinzulassen.

Verständnis für die Sicht des anderen verändert alle Kontroversen, Konflikte und Interessensgegensätze, die eine Partnerschaft mit sich bringt. Ins Positive! Verständnis nimmt den schärfsten Konflikten die Spitze, entspannt die Stimmung in der Beziehung, selbst wenn der Partner nichts an seinen Einstellungen und an seinem Verhalten verändert.

Verständnis beeinflusst aber nicht nur unser eigenes Verhalten und unsere Gefühle zum Besseren, auch der Partner reagiert positiv darauf. Besonders, wenn Sie Ihr Verständnis für die Sicht des Partners auch äußern.

Um einem Irrtum vorzubeugen: Mit Verständnis meine ich nicht, dass wir uns der Ansicht des Partners anschließen sollten oder müssten. Das wäre Anpassung, und die ist für eine Beziehung gefährlich. Wer sich in einer Partnerschaft zu sehr anpasst, der verliert sich selbst und wird unzufrieden. Mit Verständnis meine ich, dass wir lernen sollen, die Welt mit den Augen des Partners zu sehen. Zu begreifen, wie er sie sieht – ohne unseren eigenen Blick auf die Dinge aufzugeben.

Verständnis ist Balsam für die Seele, gerade dann, wenn wir nicht mit dem Partner übereinstimmen. Verständnis macht Veränderungen beim anderen aber auch wahrscheinlicher. Wer sich verstanden fühlt, ist nachgiebiger.

Verständnis, das hätte auch Eva und Frank gutgetan, bei ihrem Streit um den Fußbodenbelag im Wohnzimmer. Frank hatte gerade so viel um die Ohren. Laminat, das war ihm klar, bedeutete eine Menge Arbeit für ihn. Die wollte er gerne vermeiden. Eva wiederum fand, helles Laminat gäbe dem Raum mehr Größe, und pflegeleicht sei es auch. Verständnis für die Einstellung des anderen hätte beiden geholfen, die Lage zu beruhigen und zu entspannen. Und Frank hätte nicht wütend die Tür zugeworfen.

7. Rezept
Sorgen Sie für sich selbst

Eva ist sauer. »Da will ich einmal im Jahr mit Frank in die Oper gehen, und schon hat er wieder tausend Ausreden.« Frank ist zu müde, sagt er, und seine guten Schuhe drücken. Und eigentlich wollte er seine Schwester besuchen. »Schieß ihn in den Wind«, rät ihre Freundin Gudrun ganz ungeniert. Gudrun hält nicht viel von Frank, seit der es gewagt hat, ihr bei einem Besuch ein Bier anzubieten. Keinen Prosecco. Keinen Wein. Bier! Dass so einer nicht in die Oper will, wundert Gudrun nicht. »Er ist wohl doch nicht ganz dein Niveau«, setzt sie noch schnippisch hinzu.

Karin sieht die Auseinandersetzung zwischen Frank und Eva gelassener. Auch ihr Freund Jürgen ist nicht für alles zu haben. Er geht zwar gerne mit Karin in die Oper oder in ein klassisches Konzert, aber als sie ihn beispielsweise neulich für *ABBA-Mania* begeistern wollte, hat er nur mit einem Stirnrunzeln gesagt: »Das war nicht meine Musik.«

Karin schlägt Eva vor, mit ihr in die Oper zu gehen und sich zusammen einen netten Abend zu machen. Ja, warum eigentlich nicht? Frank wird begeistert sein, dass er nicht mitmuss. Eva kommt endlich zu ihrer lang ersehnten *Zauberflöte*. Und Eva und Karin haben bei ihrem gemeinsamen Opernbesuch bestimmt viel Spaß miteinander.

Eigene Wege gehen – der Beziehung zuliebe

Viele Paare glauben, dass es gut für die Partnerschaft ist, wenn sie alles gemeinsam unternehmen. Das Gegenteil ist der Fall: Wer innerhalb der Beziehung eigene Wege geht, der trägt zu ihrer Stabilität bei.

Wer immer alles gemeinsam mit dem Partner machen will, der muss mit vielen Kompromissen leben. Das geht zu Anfang einer Beziehung oft sehr gut, wenn beide Partner noch auf Wolke sieben schweben. Doch wenn der Alltag einkehrt, beginnt derjenige, der sich zu oft den Wünschen des anderen anpasst, unzufrieden zu werden.

Lassen Sie es nicht so weit kommen. Stärken Sie Ihre Beziehung, indem Sie ohne den Partner eigene Wege gehen. Fragen Sie sich, was Sie gerne gemacht haben, bevor Sie Ihren Partner kennen gelernt haben. Was davon fehlt Ihnen heute? Was würden Sie gerne öfter machen, wenn Ihr Partner nicht dagegen wäre oder vielleicht auch nur nicht dafür zu begeistern ist?

Mit Egoismus hat ein solches Herangehen an partnerschaftliche Unterschiede nichts zu tun. Im Gegenteil! Machen Sie sich klar: Kompromisse sind in einer Partnerschaft immer nötig. Aber eine zu starke Anpassung an die Vorstellungen des Partners ist einer der wichtigsten Auslöser für Trennungen.

Das Scheitern vieler Beziehungen liegt häufig weniger an einer zu großen Distanz zwischen den Partnern, sondern vielmehr ist es der Anspruch nach zu viel Nähe, der in die Krise führt.

Wir werden niemals auseinandergehen – die Symbiose

Eine symbiotische Partnerschaft ist für viele Menschen der Inbegriff der wahren Liebe. In einer symbiotischen Partnerschaft macht keiner mehr als unbedingt nötig ohne den Partner. Zur Arbeit gehen sie notgedrungen alleine und zum Zahnarzt auch. Ein Besuch bei den Eltern oder ein Gang ins Kino ohne den Partner – das ist dagegen unvorstellbar.

Partnerschaftliche Symbiosen beruhen auf einem hohen Maß an Abhängigkeit. Der Partner reagiert mit Angst, wenn der andere eigene Wege geht. *Er könnte jemand anderen kennen lernen, er könnte sich verlieben.* Doch ich kann Sie beruhigen: All das wird nicht geschehen, wenn Ihre Beziehung gut läuft. Kein Partner sucht sich eine andere Frau, wenn er mit seiner Beziehung zufrieden ist. Keine Partnerin geht mit einem Fremden auf und davon, wenn sie an Ihrer Seite glücklich ist. Ist Ihr Partner aber unzufrieden mit der Beziehung, dann hilft Ihnen keine noch so enge Symbiose. Es wird Ihnen nicht gelingen, ihn an sich zu binden.

Die Liebe ist ein Kind der Freiheit. Sie entfaltet sich besser, wenn wir nicht jeden Schritt zusammen mit dem Partner machen. Wir sind mit einem anderen Menschen zusammen, weil wir das wollen und nicht etwa, weil wir keinen anderen gefunden haben oder keine anderen Gelegenheiten hätten.

Dein ist mein ganzes Herz. Gerade Frauen neigen nach Ansicht von Psychologinnen und Psychologen dazu, ihr gesamtes Leben umzustellen, wenn sie einen Partner haben. Sie fangen mit dem Bergwandern an – weil er das macht. Sie fahren mit zum Zelten – weil er das tut. Ihre eigenen Ziele und Interessen aber vernachlässigen sie. Sie treffen sich nicht mehr mit ihrer Großtante Klara zum Kaffeeklatsch – weil *er* die alte Dame nicht mag. Sie hören auf, Spanisch zu lernen – weil *er* nicht mitmachen will. Mag sein, dass er zu Beginn erfreut ist, wenn sie ihren Spanischkurs absagt, weil sie beide auf diese Weise mehr

Zeit füreinander haben. Aber auf lange Sicht geht so etwas beinahe immer schief.

Erst fehlen ihm die Gespräche über das, was sie im Kurs erlebt hat. Dann vermisst sie selbst die netten Treffen im Anschluss an den Kurs. Und prompt bekommt sie schlechte Laune, weil sie die Zeit mit ihrem Mann doch nicht so genießen kann wie gedacht. Die Stimmung in der Beziehung leidet, und keiner weiß so recht *warum*. Dabei ist die Antwort einfach: Sie hat sich zu sehr angepasst.

Kommt es ganz schlimm, dann hat Ihr Partner am Ende womöglich sogar eine Neue. Die tanzt Flamenco, streift gerne allein durch Museen und ist überhaupt gerne viel unterwegs. Und dann wirft er Ihnen vor: *Mit dir ist doch schon lange nicht mehr viel los. Du sitzt doch immer nur den ganzen Abend vor dem Fernseher.*

Die Gefahr der Langeweile. Nicht nur Frauen haben die Haltung, dem anderen zuliebe vieles, was ihnen lieb und teuer ist, aufzugeben. Auch Männer finden es oft ganz bequem, die Abende mit ihr auf dem Sofa zu verbringen. Früher gingen sie tanzen und ins Fitnessstudio. Jetzt tut es immer öfter auch der Fernseher. Solch eine Beziehung endet schnell in der Falle der Langeweile.

Um eine Partnerschaft lebendig zu erhalten, ist es sehr wichtig, weiter eigene Wege zu gehen. Meiden Sie daher Symbiose und Anpassung. Vernachlässigen Sie Ihre Interessen und Ihre Freundschaften nicht. Und auf keinen Fall sollten Sie dem Partner oder der Partnerin zuliebe auf die geplante Fortbildung verzichten, die Sie beruflich weiterbringt! Eine Weiterbildung schafft neue Lebensperspektiven und stärkt so das Selbstwertgefühl. Und das kommt immer auch der Partnerschaft zugute.

Auszeiten von der Partnerschaft

Eigene Wege gehen, ohne Partner und Familie, dazu rät die Publizistin Bettina Münch in ihrem Buch *Auszeit – Lifting für die Seele*. Eine Auszeit, das bedeutet, ein paar Tage oder Wochen zur freien Verfügung zu haben. Die Autorin rät vor allem Frauen zu mehr Eigenständigkeit. Die gängige Vorstellung von weiblicher Fürsorge bedeutet nach ihrer Überzeugung immer noch, eigene Interessen zurückzustellen und sich den Wünschen anderer – dem Mann, den Kindern – anzupassen. Mit einer Auszeit meint Bettina Münch aber mehr als nur einen Abend, alleine verbracht oder mit einer Freundin.

Auszeiten von der Partnerschaft können sehr unterschiedlich aussehen. Es kann der Urlaub sein, alleine oder mit einer Freundin, eine Weiterbildung, die Sie schon lange machen wollten. Manchmal aber wünschen sich Frauen nichts sehnlicher, als einfach nur Zeit für ihre Arbeit zu haben: ungestörte Zeit!

Eine Auszeit klärt die eigenen Wünsche. Die Vorteile der *Auszeit* sind zahlreich. Ein gelegentlicher Abstand vom Partner ist wichtig, weil wir unabhängig von ihm besser in der Lage sind, zu spüren, was wir wirklich wollen. Wir müssen nicht mehr in partnerschaftlichen Kompromissen denken und sind deshalb wieder stärker bei uns selbst. Das wirkt sich positiv auf die Beziehung aus, weil wir zu besseren Lösungen finden. Und manchmal sagen wir vielleicht auch einfach Nein.

Eine Auszeit verbessert die Balance zwischen Ich und Wir. Die eigenen Wünsche und Bedürfnisse zu spüren und umzusetzen, das ist wichtig, wenn wir in einer Partnerschaft leben. Das *Wir* im Auge haben und gleichzeitig das *Ich* nicht vernachlässigen, ist eine Kunst. Von dieser Kunst hängt ein großer Teil des Glücks in der Partnerschaft ab. Viele Paare scheitern, weil sie diese Balance nicht halten. Eine Auszeit rückt das Ich für eine Weile in den Vordergrund. Danach gelingt die Balance zwischen Ich und Wir oft wieder besser.

Eine Auszeit lässt die Sehnsucht nach dem Partner wachsen. Abstand zum Partner und zur Partnerschaft gibt Ihnen die Möglichkeit, wieder Sehnsucht nach Ihrem Partner zu spüren. Im täglichen Miteinander, im Trott des Alltags, gelingt das kaum. *Willst du gelten, mach dich selten,* sagten unsere Großeltern.

Abstand macht es möglich, dass die Sehnsucht nach dem Partner Sie mit einer Kraft erfasst, die Sie vielleicht in dieser Form schon lange nicht mehr gespürt haben. Das gilt natürlich auch umgekehrt. Vermisst er Sie heftig und freut sich überschwänglich darüber, dass Sie wieder da sind? Wunderbar!

Eine Auszeit stärkt das Selbstwertgefühl. Oft berichten Frauen, dass sich ihr Selbstwertgefühl und ihre Selbstachtung nach einer *Auszeit* vergrößern. Dazu kommt das Gefühl größerer Eigenständigkeit. Sie erleben sich wieder stärker als Individuen. Und ein besseres Selbstwertgefühl kommt immer auch der Partnerschaft zugute. Deshalb profitieren immer beide Partner von einer Auszeit.

Eine Auszeit stärkt die Achtung voreinander. Männer erleben nach einer Auszeit in der Regel eine gesteigerte Wertschätzung gegenüber der Partnerin. Das gilt ganz besonders für Paare mit Kindern. Die tagtäglichen Leistungen der Frauen für die Familie – durch eine Auszeit sehen Männer deutlich, was ihre Frauen sonst vollbringen. Ein Mann, der das alles alleine machen muss, weil seine Frau unterwegs ist, sieht sie anschließend mit anderen Augen.

Achtung: Unzufriedenheit

Ich will Ihnen nicht verschweigen, dass das Gehen eigener Wege oder eine Auszeit auch Nachteile mit sich bringen kann. Er ist heilfroh, dass er die Wohnung eine Zeit lang für sich alleine hat. Keine Handtaschen, Jacken und Einkaufstaschen, die im Flur, im Bad und in der Küche herumliegen – welch eine Wohltat. Mit Grausen denkt er daran, wie es sein wird, wenn sie zurückkommt. *Dass sie aber auch immer all ihre Sachen in allen Räumen verteilen muss!*

Sie schaut derweil bei ihrem Ausflug attraktiven Männern *ohne* Bauch hinterher und denkt mit wenig Begeisterung an ihn und sein Genörgel, wenn sie ihre Handtasche in der Küche mal auf einen Stuhl gelegt hat. *Dass er aber auch immer so kleinlich sein muss!*

Der Virus, der hier – dank Abstand – zum Ausbruch kommt, heißt Unzufriedenheit. Unzufriedenheit mit dem Partner oder der Partnerin – viele Paare können dieses Gefühl nur spüren, wenn sie unabhängig voneinander eigene Wege gehen. Und viele Paare scheuen genau aus diesem Grund die Eigenständigkeit. Sie wollen das Gefühl der Unzufriedenheit nicht gerne zulassen.

Kann man seinen Partner lieben und gleichzeitig unzufrieden mit ihm sein? Aber natürlich! Es ist sogar völlig normal. Es widerspricht vielleicht dem herrschenden Klischee von der Liebe – *Wie geht's euch denn so? Alles prima!* Aber eine Auszeit kann viel Klarheit schaffen. Wenn Sie unzufrieden werden – sei's drum. Gespürte Unzufriedenheit ist besser als verdrängte. Wenn Sie Ihre Unzufriedenheit bemerken, dann ist das schon der halbe Weg hin zu einer Lösung. Wenn Sie aber unzufrieden sind und sich hinter falsch verstandenen Harmonieidealen verstecken, dann können Sie auch keine Hilfe finden.

Also pflegen Sie Ihre Interessen, Ihre Hobbys und Ihre Freundschaften – auch ohne Ihren Partner. Achten Sie ganz besonders auf diejenigen Aktivitäten, die mit Ihrem Partner oder Ihrer Partnerin nicht möglich sind. Vernachlässigen Sie diese bitte nicht! Gehen Sie also ruhig zu Ihrem Segelkurs, so wie Sie es vorhatten, auch wenn Ihre Frau sich dafür nicht interessiert. Gehen Sie mit Ihren Freundinnen zu einer Ausstellungseröffnung oder in die Oper – auch wenn ihn das kein Fünkchen interessiert.

So hat es schließlich auch Eva gemacht. Sie hat Karins Angebot angenommen und ist mit ihr zusammen in die *Zauberflöte* gegangen. Der gemeinsame Opernabend war am Ende so schön, dass Eva und Karin beschlossen, im nächsten Monat zusammen für ein Wochenende nach Berlin zu fahren – mit Karten für die Staatsoper inklusive.

Ob Frank Eva vermisst hat, als sie ein ganzes Wochenende ohne ihn unterwegs war? Na hoffentlich! Und wenn er spürt, wie sehr er sie vermisst, wird er danach umso aufmerksamer zu ihr sein.

Selbstfürsorge

Und wie Frank Eva vermisst hat! Überschwänglich hat er sie empfangen nach ihrem Ausflug nach Berlin. Die Wohnung war aufgeräumt, der Abwasch gemacht. Ein großer Strauß Blumen stand im Wohnzimmer, das hat Eva ganz besonders gefreut. Frank hatte ein ruhiges Wochenende gehabt. Er hat lange in seinen Computerzeitschriften geschmökert, war beim Fußball und hat das Bad neu gestrichen. Das wollte er schon lange erledigen.

Von ihrem Ausflug kam Eva ganz ausgelassen zurück, voller neuer Eindrücke und interessanter Erlebnisse. Frank war sehr froh, dass Eva nicht mehr von ihm erwartete, unbedingt ihre Opernleidenschaft zu teilen. Diese Änderung ihrer Einstellung war Eva ganz offensichtlich schwergefallen. Für sie war der gemeinsame Opernabend mit Karin und der Ausflug in die Berliner Staatsoper vier Wochen später ein wichtiger Schritt in die richtige Richtung. Es war ein Schritt in Richtung Selbstfürsorge.

Selbstfürsorge – manche Psychologen sprechen auch von der Selbstsorge – ist ein wichtiger Bestandteil einer glücklichen Partnerschaft:

- Selbstfürsorge führt dazu, dass unsere Bedürfnisse befriedigt werden, auch wenn der Partner nicht dazu bereit oder in der Lage ist.
- Selbstfürsorge entlastet den Partner, da er nicht mehr für jeden Wunsch zuständig ist.
- Selbstfürsorge dient dazu, die Ansprüche an eine Partnerschaft nicht ins Unendliche steigen zu lassen.
- Selbstfürsorge stabilisiert eine Partnerschaft. Wo sie fehlt, fühlt sich der andere häufig von den stillen oder ausgesprochenen Erwartungen überfordert.

Lassen Sie es sich gutgehen – auch wenn Ihr Partner das überhaupt nicht einsieht. Für die eigenen Bedürfnisse sorgen, das gilt auch dann, wenn Ihr Partner überhaupt nicht einsehen kann, was Ihnen so wichtig ist. *Ausgehen, aber warum denn. Wir haben es zuhause doch so schön!* Kann ja sein, dass er das wirklich nicht braucht. Dass er lieber zuhause bleibt und sich auf diese Weise von einem anstrengenden Arbeitstag erholt. Das bedeutet aber nicht, dass Sie es genauso machen müssen.

Die Vorstellung, alles gemeinsam tun zu müssen, ist ein übertrieben harmonisches Bild von der Liebe. *Eine neue Jacke kaufen, wo er findet, dass die alte es noch tut? Mal wieder Großtante Hedwig besuchen, die sich in ihrem Heim immer so sehr über Besuch freut?* Stehen Sie zu Ihren Wünschen! Manchmal lässt sich in einer Beziehung keine gemeinsame Position erreichen. Dann müssen Sie eigenverantwortlich handeln. Ob Ihr Partner das einsieht oder nicht, ist einerlei. Sie sind der Chef Ihres Lebens! Sie sind die Chefin! Nur Sie können entscheiden, wie wichtig Ihnen die neue Jacke oder die Besuche bei Großtante Hedwig sind. Und nur Sie wissen, ob Sie es Ihrem Partner eines Tages nicht doch übel nehmen werden, wenn Sie ihm zuliebe auf allzu vieles verzichtet haben.

Gegen den Willen des Partners zu handeln, das ist Ihr gutes Recht. Begründen Sie ihm gegenüber, warum Sie tun, was Sie tun. Aber rechtfertigen Sie sich nicht wortreich. Erwarten Sie nicht, dass er einsichtig ist. Er ist nicht auf die Welt gekommen, um die Dinge so zu sehen, wie Sie es tun. Äußern Sie ruhig auch Verständnis für seine Sicht. Es ist doch auch zu verstehen, dass er den Abend lieber mit Ihnen verbringen will, als alleine vor dem Fernseher zu sitzen, während Sie derweil im Kino sind. Seien Sie also ruhig verständnisvoll – aber stehen Sie zu Ihrem Plan und gehen Sie aus.

Lassen Sie es sich gutgehen – auch wenn es Ihrem Partner schlechtgeht. Selbstfürsorge ist für eine Partnerschaft immer wichtig. Manchmal ist sie sogar überlebenswichtig, zum Beispiel wenn Ihr Partner zu sehr mit sich selbst beschäftigt ist.

Vor drei Jahren erlebte Karin eine schwere Ehekrise mit Jürgen. Jürgen war schon seit einiger Zeit unzufrieden mit seiner Arbeit, weil sein neuer Chef sehr schwierig war. Oft kam Jürgen übellaunig nachhause und nörgelte mit den Kindern. Das ging schon eine ganze Weile so, als eines Tages völlig überraschend

Jürgens Vater starb. Von da an wurde das Zusammenleben mit Jürgen sehr schwierig. Jürgen kümmerte sich in der Folgezeit kaum noch um Karin. Es gab keine kleinen Aufmerksamkeiten mehr, und aus dem fröhlichen Mann, den Karin geheiratet hatte, wurde ein schweigsamer und trauriger Partner. Jürgen mochte nicht mehr ausgehen. Lustige Filme wollte er sich nicht ansehen und traurige schon gar nicht.

Wenn es Ihrem Partner schlecht geht, ist Selbstfürsorge wichtiger denn je. Sorgen Sie für sich und Ihr Wohlergehen. Davon kann der Fortbestand Ihrer Beziehung abhängen. Ein schlechtes Gewissen sollten Sie deshalb nicht haben. Eine Partnerschaft ist kein Nullsummenspiel, bei dem es einem automatisch schlechter geht, wenn der andere besserer Stimmung ist. Das Gegenteil ist der Fall: Steigt Ihre Stimmung, dann profitiert davon immer auch Ihr Partner. Das gilt auch bei geringeren Problemen, als es der Tod eines Elternteils oder gravierende Schwierigkeiten am Arbeitsplatz sind.

Karin hat sich mit ihren Kindern schon bald auf einen wöchentlichen Saunatermin geeinigt. Sie brauchte dringend Entspannung und wollte gerne etwas mit ihnen unternehmen. Da bot sich die Therme im Nachbarort geradezu an. Und zum Ausgehen hat Karin sich jede Woche mit einer Freundin verabredet: Kino, Ausstellungen, Essen gehen, reden.

Beinahe vier Monate ging das so bei Jürgen und Karin. Dann ließ seine Trauer nach und Jürgen wurde langsam wieder der alte. Nun ja, nicht ganz der alte. Aber seine Lebensfreude kehrte nach und nach zurück.

Lassen Sie es sich gutgehen – auch nach Niederlagen. *Selbstfürsorge*, das bedeutet auch, dass Sie selbst fürsorglich mit sich umgehen, wenn Sie gerade eine Lebensniederlage erlitten haben. Wenn Ihr Sohn eine Klasse wiederholen muss, weil er *null Bock auf Mathe* hat und eine *krass spießige Englischlehrerin.* Wenn Ihr Kollege befördert wurde, obwohl Ihre Leistungen zumindest genauso gut waren. Solche Lebensniederlagen sind für jeden Menschen eine Herausforderung. Deshalb können sie eine Partnerschaft belasten. Denn oft kritisieren wir uns in solchen Situationen hemmungslos. *Aus dir wird doch nie was! Das schaffst du nie im Leben! Du bist ein Versager!*

Niemand mag Lebensniederlagen. Aber muss es denn gleich die ganz große Keule sein? Die pauschale Rundumkritik, nach der wir uns fühlen wie nach einer Standpauke?

Dabei ist eine positive Haltung zu uns selbst gerade in schwierigen Zeiten besonders wichtig. Denn durch Kritik an uns selbst schwächen wir unser Selbstwertgefühl. Und ein geringes Selbstwertgefühl – Sie wissen es – ist ein wichtiger Grund für Beziehungsstreitereien.

Gehen Sie pfleglich mit sich um, wenn Sie eine Niederlage erlitten haben. Hüten Sie sich vor Gedanken, bei denen Sie sich unablässig selbst schlechtmachen. Bei Lebensniederlagen sind fürsorgliche Gedanken besser: Sie tun, was Sie können. Mehr ist im Leben nicht möglich. Wir haben die Lebensumstände nie völlig in unserer Hand. Eine Arbeit kann verloren gehen. Ein Kollege kann uns vorgezogen werden. Und ein Kind kann trotz großer Mühe sitzenbleiben. Wir tun, was wir können. Doch das, was wir können, reicht manchmal nicht aus, um ein Problem zu lösen.

Hüten Sie sich vor Vergleichen mit anderen. Selbstfürsorge bedeutet auch, sich nicht mit anderen zu vergleichen. Die können ja bekanntlich immer alles besser. Selbstfürsorge bedeutet, sich immer nur mit sich selbst zu vergleichen. Wie waren Sie selbst vor zehn, vor zwanzig Jahren. Haben Sie sich in dieser Zeit zum Positiven verändert? Was genau gelingt Ihnen heute besser als damals?

Wenn Sie heute gelassener mit Ihrem cholerischen Chef umgehen können und auch mit Ihren Kindern besser zurechtkommen als früher, dann haben Sie guten Grund, stolz auf sich zu sein. Freuen Sie sich an diesen Erfolgen. Sagen Sie sich: *Ich gebe mein Bestes!* Perfektion ist nicht möglich. Freuen Sie sich über das, was sie – unperfekt, wie wir alle nun mal sind – erreicht haben.

Pflegen Sie das Selbstlob. *Eigenlob stinkt*, sagt der Volksmund. Glauben Sie mir, das Gegenteil ist der Fall: Sich selbst zu loben ist eine hohe Kunst. Wenn sich keiner findet, auch Ihr Partner nicht, der Sie dafür lobt, wie gut Sie Ihren Sohn unterstützt haben, als er endlich doch angefangen hat, für die *krass spießige Lehrerin* zumindest das Nötigste zu tun – dann sollten Sie sich selbst loben. Wenn auch Ihre Partnerin nicht bemerkt, dass Sie neben einem anstrengenden Arbeitstag einmal wieder den Einkauf geschafft haben, das Bild von Ihrem Sohn bewundert und eine Gute-Nacht-Geschichte vorgelesen haben – dann loben Sie sich selbst. Je positiver Sie mit sich umgehen, desto besser ist Ihre Stimmung, auch in der Beziehung. So unangemessen übertriebene Selbstkritik ist, so wichtig ist ein angemessenes Selbstlob. Seien Sie stolz auf Ihre Leistungen. Und sagen Sie sich: *Ich gebe mein Bestes.*

Auch Eva ist ein solches Lob zu gönnen. Es war mutig von ihr, zusammen mit Karin in ein ganzes Opernwochenende nach Berlin zu fahren. Es war gut, dass sie am Ende Abschied nehmen konnte von ihrer Lieblingsvorstellung, Frank in die Oper mitzunehmen. Eva ist auf diese Weise nicht nur eigene Wege gegangen und hat eine Freundschaft gestärkt, sie hat auch Selbstfürsorge bewiesen. Sie hat nicht einfach die Segel gestrichen und achselzuckend gesagt: *Na gut. Dann eben nicht!* Sie hat ihr Bedürfnis, in die Oper zu gehen, ernst genommen. Damit hat sie Ihre Beziehung zu Frank gestärkt. Und wenn das niemandem auffällt, Frank nicht und auch keiner Freundin, dann sollte Eva sich ruhig selbst loben.

Wenn die Selbstfürsorge versagt

Kennen Sie das: Da kommt es bei einem Freund oder einer Freundin zur Trennung vom Partner, und freudestrahlend erklärt er oder sie Ihnen: *Endlich kann ich mal wieder tanzen gehen! Endlich kann ich mal wieder segeln gehen!* Verwundert fragen Sie sich: Warum geht das denn erst jetzt? Und warum war vorher, vor der Trennung, nie die Rede davon? Die Antwort ist einfach: Weil viele Menschen in einer Beziehung ihre Bedürfnisse nicht mehr spüren.

In einer Partnerschaft müssen wir lernen, für das *Wir* zu sorgen – und für uns selbst. Beides ist gleichermaßen wichtig. Wir dürfen nicht das Gleichgewicht unseres Lebens in den Partner hineinverlegen und nur noch seine Wünsche erkennen und erfüllen. Wir dürfen aber auch nicht nur um uns selbst kreisen und die Bedürfnisse des Partners als unwichtig ansehen. Wir müssen das Beste für den anderen wollen und das Beste für uns. Wenn uns das gelingt, ist die Balance in unserer Beziehung gewahrt.

Wer Single ist, ist immerzu für sich und seine Wünsche zuständig. Er muss sich selbst seine Blumen kaufen, das Urlaubsziel festlegen und entscheiden, ob die neue Couch wichtiger ist als ein neues Sideboard. Aus diesem Grund lernen viele Menschen in Single-Phasen, es sich auch ohne Partner gutgehen zu lassen. Sie spüren deutlich, was sie wollen, was ihnen guttut und was nicht. Kurz: Sie üben die Selbstfürsorge. Ihnen bleibt ja auch gar nichts anderes übrig, denn wenn ein Single sich nicht um sein Wohlergehen kümmert, dann kümmert sich niemand darum.

Doch kaum leben die gleichen Menschen in einer Partnerschaft, fällt es ihnen schwer, das in der Single-Zeit erworbene Wissen weiterhin anzuwenden: Die Selbstfürsorge lässt nach. Viele Psychologinnen und Psychologen gehen davon aus, dass das vorrangig ein Problem von Frauen ist. Ihrer Auffassung nach entspricht es eher der weiblichen Rolle, für andere zu sorgen und sich selbst dabei zu vernachlässigen.

In meiner Beratungspraxis ergibt sich jedoch ein anderes Bild. Frauen wie Männer haben demnach große Schwierigkeiten mit der Selbstfürsorge. Das hängt mit dem romantischen Liebesideal zusammen, dem auch viele Männer anhängen. Sie wollen die symbiotische Verschmelzung und vernachlässigen darüber die eigenen Bedürfnisse.

Beziehungsexperten machen das Versagen der Selbstfürsorge für einen großen Teil der Trennungen von Paaren verantwortlich. Viele Menschen haben vor allem deshalb Probleme in Partnerschaften, weil sie nur sehr schwer in der Lage sind, ihre eigenen Bedürfnisse zu erkennen und dafür zu sorgen, dass sie erfüllt werden.

Wäre es denn überhaupt zum Ende der Beziehung gekommen, wenn er rechtzeitig bemerkt hätte, wie wichtig ihm das Segeln ist? Oder wenn ihr deutlich geworden wäre, dass sie auf das Tanzen nicht verzichten kann, ohne dauerhaft unzufrieden zu werden?

Wer seine Bedürfnisse nicht erkennt, gefährdet sich und seine Beziehung. Er fördert die Unzufriedenheit mit dem Partner. Die Partner entfernen sich voneinander. Versagt die Selbstfürsorge, dann sind Gespräche oft von einem unterschwelligen Machtkampf geprägt, oder man hört sogar ganz auf, miteinander zu reden. Das ist der Anfang vom Ende einer Beziehung.

8. Rezept

Bleiben Sie am Ball

»Seit Wochen schon gab es keinen Sex mehr bei uns«, beklagt sich Eva. »Was ist nur los mit Frank? Liebt er mich nicht mehr?« Kann sein. Kann aber auch nicht sein. Vielleicht haben die beiden sich in der täglichen Routine auch einfach aus den Augen verloren. Und schon erlahmt das Interesse aneinander.

So ergeht es vielen Paaren. Erst gibt es Überstunden am Arbeitsplatz, dann wird das Kind krank. Wer jetzt anfängt, am Partner herumzunörgeln und das Gespräch meidet, dem kann es leicht passieren, dass eine Negativspirale nach unten einsetzt. Schnell ist jeder frustriert vom anderen, und doch wollen beide nur das eine – Verständnis, Nähe, den anderen spüren.

Sorgen Sie lieber dafür, dass Sie genau wissen, was Ihren Partner zurzeit beschäftigt, und dass auch er weiß, wie es Ihnen geht. Kurz: Bleiben Sie am Ball.

Die meisten frisch verliebten Paare tun genau das ganz intuitiv. Sie reden miteinander. Unablässig. Doch bei langjährigen Paaren ist von dieser Freude am Gespräch oft nicht mehr viel übrig. Zwischen sechs und zehn Minuten reden sie durchschnittlich noch jeden Tag miteinander – der Rest ist Schweigen.

Lassen Sie es nicht so weit kommen! Sechs bis zehn Minuten – das ist eine unglaubliche Zahl. Jeder Katzenbesitzer – und jede Katzenbesitzerin – beschäftigt sich täglich immerhin zwölf Minuten mit dem vierbeinigen Mitbewohner!

Unterhalten Sie sich gerne?

Hand aufs Herz: Unterhalten Sie sich wirklich gerne mit Ihrem Partner oder Ihrer Partnerin? Ist es Ihnen immer wieder ein echtes Bedürfnis, Ereignisse und Vorkommnisse aus Ihrem Leben mit ihm oder mit ihr zu teilen? Wenn Ihre Antwort *Ja* lautet – Glückwunsch. Ist die Antwort *Nein*, dann ist Ihre Beziehung möglicherweise in Gefahr. Versiegt das Gespräch in der Beziehung, dann ist es bis zur Trennung oft nicht mehr weit. Das hat einen einfachen Grund: Das Gespräch ist die Basis einer jeden Partnerschaft.

Eine Ehe ist ein lebenslanges Gespräch. So hat der Philosoph Friedrich Nietzsche das Wesen der Liebe auf den Punkt gebracht. Wenn Sie sich gerne und viel mit Ihrem Partner unterhalten, dann wird Ihre Beziehung Bestand haben, einerlei, welche Schwierigkeiten sie als Paar zu überwinden haben und welche Gegensätze sie in die Beziehung hineintragen.

Egal, ob Ihr Partner ein mittelmäßiger Liebhaber ist, Ihre Leidenschaft für experimentelles Tanztheater nicht teilt und seine Schuhe an der Eingangstür immer mitten im Weg stehen lässt – all das muss Ihre Partnerschaft nicht beeinträchtigen. Sie können trotzdem ein glückliches Paar sein, wenn Sie sich gerne miteinander unterhalten!

Auch wenn Ihre Partnerin zu laut lacht, jeden Cent, der ihr übrig bleibt, in antiquarische Bücher investiert und Steuererklärungen immer erst nach der dritten Mahnung abgibt, dann spielen all diese Dinge für Ihr gemeinsames Lebensglück keine große Rolle, solange Sie sich gerne miteinander unterhalten.

Gemeinsame Unternehmungen eines Paares sind dagegen weniger wichtig. Ob Sie zusammen zum Kegeln gehen, ob Sie sich ein Musical anschauen oder eine Oper, das alles hat auf den Zusammenhalt in Ihrer Partnerschaft einen geringen Einfluss. Wenn Sie sich aber für seine oder ihre Belange nicht interessieren, dann werden Sie auf Dauer kein Paar sein. Jedenfalls kein glückliches.

Anerkennung und Bestätigung

Im Gespräch erleben Menschen eine grundlegende Bestätigung ihrer Existenz. Was sie denken, fühlen oder wollen wird von einem anderen Menschen als wichtig anerkannt. Es gibt sogar die Annahme, dass viele Menschen nur deshalb fremdgehen, weil sie auf diese Weise endlich wieder jemanden haben, der ihnen zuhört und der das, was sie zu sagen haben, wichtig nimmt, der sie bestätigt.

Bestätigung ist das wichtigste Bedürfnis, das wir in einer Partnerschaft haben. Diese Bestätigung durch den Partner hat heute eine ungleich größere Bedeutung als früher. In früheren Jahrhunderten hätten Eheleute nicht verstanden, warum Anerkennung und Bestätigung wichtig für sie sein sollten. Das ist heute anders und hat mit einigen Begleiterscheinungen der partnerschaftlichen Wende in den siebziger Jahren zu tun.

Noch vor 50 Jahren war der gesellschaftliche Konsens über das, was richtig war und was falsch, sehr ausgeprägt. Traditionen bestimmten den größten Teil des Lebens: Was an einem Sonntag auf dem Mittagstisch zu stehen hatte und was nicht. Wann man heiratete und wen. Welche Handtücher ein verheiratetes Paar zur Hochzeit bekam, welches Muster sie hatten, von welcher Qualität der Stoff war und wie viele es waren. In all diesen Fragen waren die Menschen in ihren Entscheidungen nicht frei.

Das engte den Einzelnen zwar ein, es hatte für ihn aber den unbestrittenen Vorteil, dass es Halt und Sicherheit gab. Diese

Sicherheit ist heute so nicht mehr vorhanden. Niemand legt heute für ein Paar fest, was es zu tun und zu lassen hat. Nicht einmal der Ort, an dem es heiratet – wenn es das denn tut – steht heute fest. Es kann sich ganz konventionell in einem Standesamt das Ja-Wort geben. Es kann sich aber auch bei einem Fallschirmsprung trauen lassen, auf einem Schiff, in einem Schloss oder in einem Kloster. Diese Freiheit hat ihren Preis. Paare müssen sich heute auf tausenderlei Dinge einigen. Nichts ist mehr selbstverständlich.

Doch das ist erst die Hälfte des Problems. Weil der Halt der Konventionen fehlt, ist das Bedürfnis nach der Bestätigung der eigenen Ansichten durch den Partner heute ungleich größer als früher. Damals bestätigte die Gesellschaft dem Einzelnen, dass die Art und Weise, wie er dachte und handelte, die einzig richtige war. Heute erwarten wir diese Bestätigung vom Partner. In einer Gesellschaft, in der nur noch wenige Normen allgemeinverbindlich sind, ist die Anerkennung und Bestätigung durch den anderen zu einem wichtigen Element einer funktionierenden Beziehung geworden.

Erleben wir in einer Beziehung Bestätigung durch den Partner, dann empfinden wir mehr Intimität und fühlen uns stärker an den anderen gebunden. Fehlt diese Anerkennung, dann leidet das Gefühl der Verbundenheit.

Meiden Sie Problemgespräche. Viele Paare wenden sich einander nur zu, um über Probleme zu reden, die sie miteinander haben. Dadurch bestätigen sie sich unentwegt in ihrer Unterschiedlichkeit. Das ist auch der Grund, warum der oft erteilte Ratschlag *Reden Sie darüber* Paaren nicht weiterhilft, ja ihre Probleme sogar noch vergrößert. Denn das Gefühl der positiven Bestätigung entsteht bei Problemgesprächen naturgemäß nicht.

Wenn Sie viel über Ihre Probleme als Paar reden, dann kann das Ihre Partnerschaft zerstören. Mit nächtelangen Problemgesprächen machen Sie aus der blühenden Pflanze Ihrer Liebe in kurzer Zeit ein vertrocknetes Gestrüpp, an dem Ihnen schon bald nichts mehr liegt. Zu diesem Ergebnis kommen jedenfalls wissenschaftliche Untersuchungen. Ein Paar, das am Ende eines Tages anfängt, sich über seine Beziehung zu unterhalten und über das, was zwischen ihnen alles schiefläuft, destabilisiert die Partnerschaft. Probleme sind wie Goldfische – sie wachsen, wenn man sie füttert.

Halten Sie es anders: Meiden Sie Problemgespräche – aber reden Sie viel miteinander. Paare sind glücklicher, wenn sie sich über Positives unterhalten. Sprechen Paare viel über die schönen Seiten ihrer Beziehung, dann wird die Beziehung stabiler. Auch das bestätigt die wissenschaftliche Forschung: Eine Partnerschaft lässt sich durch gute Gespräche verbessern. Gute Gespräche sind ein entscheidender Schlüssel für die Stabilität einer Beziehung.

Mit Gespräch ist aber nicht das gedankenlose Gerede über den neuesten Klatsch aus der Welt der Schönen und Reichen gemeint oder der Austausch über die neuesten Neuigkeiten aus der Sendung *Sex and the City*. Reden Sie stattdessen über alles, was Ihnen wichtig ist: Schwierigkeiten mit dem Chef, das neue Buch, das Sie gerade lesen, Auseinandersetzungen mit den Kindern. Das ist entscheidend, um sich im Alltag nicht zu verlieren und um am Ball zu bleiben.

Den Alltag teilen

Eine gute Gelegenheit, um zu einem Austausch zu kommen, ist das tägliche 20-Minuten-Gespräch. Jeder erzählt von seinem

Tag. Von seinen Erlebnissen und Erfahrungen, um sie mit dem Partner zu teilen. Sich am Ende eines Tages zusammenzufinden und darüber zu sprechen, wie der Tag war, ist das beste Rezept, um den Zusammenhalt eines Paares zu stärken. Mit solchen Gesprächen meistern Sie den Alltagsstress einfach besser. Sie sind dazu da, Rückhalt beim anderen zu finden.

Gelingt es einem Paar, den Stress abzufangen, der aus anderen Lebensbereichen in ihre Beziehung hineinschwappt, dann stärkt es den Zusammenhalt. Die wichtigsten Regeln hierfür lauten: keine Kritik, keine Ratschläge und gemeinsam gegen den Rest der Welt.

Regel Nr. 1: Keine Kritik. Ihre Partnerin hatte Ärger mit einer Kollegin? Eine Reaktion wie *Sei doch nicht so empfindlich* ist da wenig hilfreich. Sie ist nicht mit Ihnen zusammen, um sich nach einem schwierigen Tag von Ihnen anzuhören, was sie alles falsch gemacht hat. Sie möchte akzeptiert werden und spüren, dass Sie auf ihrer Seite sind. Ohne Abstriche. Äußern Sie keine Kritik, weder offen noch versteckt. Stellen Sie sich hinter sie und stärken Sie ihr den Rücken. Sie hat es verdient.

Kritik am Partner ist der Sargnagel der Liebe. Diese Regel gilt selbst dann, wenn Sie völlig im Recht sind. Denn in der Liebe geht es nicht um Recht haben oder Recht bekommen. Es geht darum, einen Menschen rückhaltlos zu akzeptieren.

Warum ist Kritik so fatal für die Liebe? Fehler des Partners oder der Partnerin sind in Wahrheit oft nichts anderes als seine Art, die Dinge zu tun. Sie erinnern sich: Es ist die Erbschaft. Ihre Partnerin kommt möglicherweise mit der Kollegin deshalb schwer klar, weil die sie an ihre schwierige Mutter erinnert. Vorwürfe helfen ihr in dieser Situation nicht weiter. Sie wird sich von Ihnen im Stich gelassen fühlen. Zu Recht! Und Ihre Liebe wird Schaden nehmen.

Regel Nr. 2: Keine Ratschläge. Wenn wir Schiffbruch erlitten haben, brauchen wir keinen wohlmeinenden Hinweis auf den nächsten Kurs in Schiffsnavigation! Wir brauchen Mitgefühl. Seien Sie deshalb sehr vorsichtig mit Ratschlägen. Sie werden schnell als Kritik verstanden und sind allzu oft auch so gemeint.

Es ist auch gar nicht Ihre Aufgabe, die Probleme des anderen zu lösen. In den meisten Fällen reicht Verständnis völlig aus. Das ist bei Männern wie bei Frauen so – ganz im Gegensatz zu der beliebten Behauptung, Männer seien nun mal auf das Lösen von Problemen orientiert und Frauen zögen Verständnis vor. Auch wenn er im Beruf eine schwere Niederlage erlitten hat, dann erwartet er anschließend Mitgefühl – und keine klugen Tipps von Ihnen.

Besser als Ratschläge sind in jedem Fall Fragen wie *Was hältst du denn davon, wenn du deinen Freund Ernst anrufst? Der hat doch neulich auch Ärger mit einem Kollegen gehabt.* Fragen kommen nicht nur besser an, sie sind auch ehrlicher als Ratschläge. Denn in Wahrheit kann immer nur der andere entscheiden, ob ein Rat zu ihm passt oder nicht.

Regel Nr. 3: Gemeinsam gegen den Rest der Welt. Wollen Sie gerne mal einen handfesten Ehekrach auslösen? Dann versuchen Sie es doch bitte mit der Bemerkung *Eigentlich hat dein Chef doch Recht!* Eine solche Äußerung hilft Ihrem Partner nicht, mit einer schwierigen Situation umzugehen. Ergreifen Sie Partei für Ihren Partner. Ihre Aufgabe ist es, zu sagen: *Armer Schatz.* Begeben Sie sich nicht auf die Seite der anderen. Die Devise für Gespräche über den vergangenen Tag heißt immer: Gemeinsam gegen den Rest der Welt.

Mit den drei Gesprächsregeln *Keine Kritik*, *Keine Ratschläge* und *Gemeinsam gegen den Rest der Welt* können Sie ganz alleine die Stimmung in Ihrer Partnerschaft verbessern. Sicher wäre es schön, wenn auch Ihr Partner mitmachen würde, nötig aber ist es nicht. *Sie* wollen die abendlichen Gespräche mit ihm oder mit ihr verbessern. *Sie* wollen das Ritual des 20-Minuten-Gesprächs etablieren.

Möglicherweise werden Sie zu Anfang nicht zufrieden sein mit den Resultaten Ihrer Bemühungen. Es kann Ihnen passieren, dass Ihr Partner nicht gut zuhört. Es kann vorkommen, dass er Sie nicht ausreden lässt. Und manchmal wird er möglicherweise auch mit Kritik auf Ihre Erzählungen reagieren. Verzichten Sie deshalb nicht auf diese Gespräche. Die Art, wie Ihr Partner sich Ihnen zuwendet, ist nicht unabänderlich. Arbeiten Sie daran, dass Gespräche mit der Zeit besser verlaufen.

Tipp: So bringen Sie Ihren Partner zum Reden

Lassen Sie Ihren Partner von seinem Tag erzählen, wenn er noch kein guter Zuhörer ist. Stellen Sie konkrete Fragen. Fragen Sie also nicht: *Wie war dein Tag?* Fragen Sie stattdessen konkreter: *An welchem Fall hast du heute gearbeitet? Wie war dein Gespräch mit der Kollegin? Was möchtest du in der morgigen Teamsitzung erreichen?* Konkrete Fragen sind leichter zu beantworten und für Gesprächsmuffel als Türöffner besser geeignet.

Tipp: Sorgen Sie für Bestätigung

Ihre Zufriedenheit sollte auf Ihrer Agenda immer ganz weit oben stehen. Wenn Ihr Partner Ihre Bedürfnisse nach Trost, Zuwendung oder Mitgefühl nicht hinreichend befriedigt, dann ist es fahrlässig, wenn Sie Ihre Bedürfnisse einfach aus den Augen verlieren. Sie werden als gesteigerte Unzufriedenheit an Ihrem Partner zurückkehren. Außerdem besteht die Gefahr, dass Sie Gespräche mit ihm oder ihr vermeiden. Das ist die schlechteste aller Lösungen.

Reduzieren Sie Ihre Erwartungen nach Bestätigung durch Ihren Partner, wenn er das noch nicht hinreichend tut. Setzen Sie stattdessen auf Selbstfürsorge. Suchen Sie sich Freundinnen oder Freunde, die Ihnen die Anerkennung geben, die Sie brauchen. Das verbessert Ihre Situation.

Tipp: Seien Sie Vorbild

Halten Sie sich unbedingt an die drei wichtigen Regeln *Keine Kritik, Keine Ratschläge* und *Gemeinsam gegen den Rest der Welt.* Lassen Sie sich nicht zu einem anderen Verhalten hinreißen. Auch wenn Ihr Partner gelegentlich kritisiert oder nicht hinter Ihnen steht. Was falsch ist, wird nicht besser, wenn Sie beide es tun. Übernehmen Sie Verantwortung für Ihre Beziehung. Lotsen Sie ihn durch Ihr Verhalten in die richtige Richtung. Seien Sie ein Vorbild. Gehen Sie fest davon aus, dass er sich mit der Zeit an Ihrem Verhalten ein Vorbild nehmen wird.

Tipp: Unterhalten Sie sich eine Stunde am Tag

Wirklich glückliche Paare unterhalten sich gerne. Sprechen Sie über alles, was in Ihrem Leben passiert, was Sie bewegt, was Sie erreichen wollen. Das Leben besteht ja nicht nur aus den Widrigkeiten des Alltags. Sprechen Sie über Ereignisse in Ihrem Leben, die Sie beschäftigen. Sprechen sie über ein Buch, das Sie berührt hat. Sprechen Sie über Ihre Vorhaben und Pläne für die Zukunft. Mindestens eine Stunde lang!

Sich 20 Minuten am Tag zu unterhalten, das ist nur die Basisversorgung für eine Beziehung. Das reicht, um den anderen nicht aus den Augen zu verlieren – mehr nicht. Mehr Zeit für das Gespräch ist eindeutig besser. Mindestens eine Stunde! Täglich sitzen wir Deutschen im Durchschnitt drei bis vier Stunden vor dem Fernseher – aber für eine Stunde Gespräch reicht die Zeit angeblich nicht.

Diesen Weg sind schließlich auch Frank und Eva gegangen. Nun erfuhren sie viel von den Erlebnissen des anderen, seinen Vorhaben in den nächsten Wochen oder den Wünschen für die fernere Zukunft. »Wir haben uns einander wieder richtig nahe gefühlt«, sagt Eva und lacht. »Und auch der Sex lief auf einmal wieder toll.« Kein Wunder, denn Sexualität ist die Fortsetzung eines Gespräches mit anderen Mitteln.

9. Rezept

Halten Sie die Sexualität lebendig

Haben Sie es neulich mal mit der Stellung *Reiten auf dem heiligen Johannes* versucht? Oder *a tergo*, ganz wie Sie es in einer dieser neuen Frauenzeitschriften gelesen haben? Oder haben Sie sich einen Porno ausgeliehen, um Ihrem erlahmenden Sexualleben neuen Schwung zu verleihen? Wie, Sie waren mit den Ergebnissen ihrer sexuellen Kunststücke nicht zufrieden? Der Kick des Neuen hielt nicht lange vor, und Sie litten erneut unter sexueller Unlust?

Es ist schon seltsam: Tag für Tag nimmt irgendwo in Deutschland eine hübsche Moderatorin im kurzen Röckchen auf einem Studiosofa Platz, um Ihnen mit Rat und Tat aus der sexuellen Klemme zu helfen. Häufiger noch werden entsprechende Ratgeber verkauft und Kolumnen in Zeitungen und Zeitschriften gedruckt. Doch die Wirkung scheint gleich null: Die Klagen über die sexuelle Unlust der Deutschen nehmen sogar zu.

All diese Tricks und Kniffe zur Belebung ihrer Sexualität werden Ihnen nicht helfen, sie funktionieren nicht – jedenfalls nicht dauerhaft. Aber warum liest man solche Ratschläge denn dann immer wieder, wenn sie in Wahrheit gar nicht helfen?

Der erste Grund ist unsere Sehnsucht nach einfachen Lösungen. Wir alle hätten das Leben gerne leicht. Es muss ihn einfach geben, den Kniff oder Trick, mit dem sich eine nachlassende sexuelle Begierde wieder entfachen lässt. *Kaufen Sie dies. Versuchen Sie das – und schon läuft Ihr Sexualleben wieder auf Hochtouren.* Vertrauenerweckend sind diese Versprechen nicht, denn wenn all die klugen Ratschläge helfen würden, dann dürfte es die vielen Paare mit einer versiegenden Sexualität überhaupt nicht geben.

Der zweite Grund: Sexualität bringt Quoten. Zwei Dinge fesseln die Aufmerksamkeit von Menschen ganz besonders. Sex und Gewalt. Deshalb nimmt die Darstellung von Sex in den Medien – vor allem im Fernsehen – seit Jahren schon zu. Einerlei, ob *Bild* sexuellen Rat erteilt, RTL oder eine Frauenzeitschrift, sie alle wollen vor allem eines – unsere Aufmerksamkeit. Ob uns das, was sie uns empfehlen, auch hilft, das interessiert sie nicht.

Und schließlich der dritte Grund: Wir halten für wahr, was andere ebenfalls für wahr halten. Was häufig in der Zeitung steht oder im Fernsehen behauptet wird, gilt den allermeisten Menschen als bewiesen. Wenn wir immer wieder hören, wie glücklich es uns macht, wenn wir es gelegentlich mit sadomasochistischen Praktiken versuchen, dann kann das doch nicht falsch sein, oder? Es kann.

Allen diesen Vorschlägen liegt die Vorstellung zugrunde, dass Sexualität unabhängig von unseren Gefühlen existiert. Doch anders als bei Tieren ist die menschliche Sexualität untrennbar mit dem Gefühlsleben verknüpft. Flauen die Gefühle füreinander ab, so gibt es nur einen erfolgversprechenden Weg: Sie müssen Ihre Zufriedenheit miteinander verbessern.

Die Folgen der medialen Dauerberieselung mit sexuellem Rat sind fatal. Denn wenn all die Tipps und Kniffe uns nicht geholfen haben, fühlen wir uns noch schlechter als zuvor. Und geben schließlich die Hoffnung auf.

Glauben Sie mir, es gibt keinen – absolut keinen – Trick, mit dem Sie Ihrem Sexualleben zu neuen Höhenflügen verhelfen können. Dies gilt auch dann, wenn sie diese Behauptung in Deutschlands auflagenstärkster Tageszeitung gelesen haben, in einem bekannten Nachrichtenmagazin oder in dem Buch eines renommierten Sexualtherapeuten.

Es gibt verschiedene Gründe, warum die Sexualität erlahmen kann, und Sie können versuchen, den Gründen für Ihre Unlust auf die Spur zu kommen.

- Es kann daran liegen, dass Sie beide im gemeinsamen Alltag zu selbstverständlich davon ausgehen, dass Ihre Partnerschaft Bestand hat. Eine liebevolle Pflege halten Sie nicht für nötig. Weder finden wie früher ruhige Abendessen beim Italiener statt, noch gibt es lange, vertrauensvolle Gespräche. Sie leben nebeneinander her, ohne allzu viel vom anderen mitzubekommen.
- Es kann daran liegen, dass Sie sich mit der Kindererziehung alleingelassen fühlen und dass Sie das Ihrem Partner verübeln. Sie hatten sich mehr Unterstützung durch ihn erhofft, gerade jetzt, wo Ihr Ältester zum Gymnasium gewechselt ist. Genau jetzt hat Ihr Partner ein großes Projekt übertragen bekommen, dass ihn völlig absorbiert.
- Es kann aber auch daran liegen, dass Ihr Partner schon lange mit seinem anstrengenden Beruf hadert und viel lieber etwas ganz anderes machen würde. Er traut sich nur nicht, sich selbst und Ihnen das einzugestehen.

Das waren nur drei Möglichkeiten, warum der Sex eines Paares uninteressant und lustlos werden kann. Diese Liste lässt sich unendlich fortsetzen. So unterschiedlich, wie Menschen sind, so unterschiedlich sind die Gründe, die zu einer sexuellen Flaute beitragen können.

Aufklärung in Bezug auf die Sexualität tut also nach wie vor not. Lassen Sie uns also zunächst einmal mit einigen populären

Irrtümern über Sexualität aufräumen, bevor wir anschließend schauen, was Sie tun können, um die Sexualität in Ihrer Partnerschaft lebendig zu erhalten.

Neun Irrtümer in Sachen Sex

Irrtum Nr. 1: Sexualität lässt sich so leidenschaftlich erhalten, wie sie zu Anfang war – wenn man nur genug dafür tut. Die Abnahme des sexuellen Interesses aneinander ist normal. Das gilt zum einen in Bezug auf den Lebensverlauf des Menschen. Ein 50-Jähriger hat seltener Sex als ein 30-Jähriger. Und es gilt auch in Bezug auf die Dauer einer Beziehung: Paare, die erst zwei Jahre zusammen sind, haben häufiger Sex miteinander als Paare, die bereits seit 20 Jahren Tisch und Bett teilen.

Alle mir bekannten wissenschaftlichen Studien belegen diese Erkenntnis. Es gibt auch nicht eine einzige, aus der hervorgeht, dass gegen diese Abnahme des sexuellen Interesses etwas auszurichten wäre.

Stimmt Sie das pessimistisch? Nun, das soll es keinesfalls. Ich möchte vielmehr auf die Realität hinweisen und Ihnen den Druck nehmen, dass eigentlich alles ganz anders sein müsste. Muss es nämlich nicht. Wer fest davon überzeugt ist, dass das sexuelle Begehren so berauschend bleiben muss, wie in den ersten Monaten einer Beziehung, der hat kaum eine Chance, das verflixte siebte Jahr einer Partnerschaft zu erleben. Denn zu Beginn, in der Phase der Verliebtheit, wird der Körper von einem wahren Cocktail an Hormonen überschüttet, die alle Gefühle und auch das sexuelle Erleben zu etwas ganz Besonderem machen. Nach ein bis zwei Jahren ist es damit spätestens vorbei. Wer nun immer noch den Nervenkitzel der Anfangszeit erwartet, den hält es nicht lange in seiner Beziehung – er sucht sich den nächsten Partner, mit dem er wiederum ein bis zwei Jahre zusammen ist.

Irrtum Nr. 2: Zweimal die Woche Sex muss sein. Das hat bekanntlich schon Martin Luther empfohlen. Viele Sexualprobleme entstehen ganz schlicht aus unrealistischen Erwartungen. Zu denen tragen die Medien mit ihrer laufenden Berichterstattung über Sexualität ihren Teil bei. *Deutsche werden immer lustloser. Jedes dritte Paar hat nur noch einmal in der Woche Sex*. Ja was denn, das soll wenig sein? Manche Paare haben nur dreimal im Jahr Sex miteinander und sind trotzdem glücklich. Wer bestimmt hier eigentlich, was normal ist und was nicht?

Je höher unsere Erwartungen an die Sexualität sind, desto mickriger fällt in unseren Augen das Erreichte aus. Und desto größer ist die sexuelle Lustlosigkeit. Leider sind bei vielen Menschen mittlerweile die Erwartungen an die Sexualität sehr, sehr hoch. Kein Wunder. Sind wir doch heute regelrecht umzingelt von perfektem Sex. Beim Kinobesuch. In Talkshows. Beim Lesen der Ratgeberspalten in Zeitungen und Zeitschriften. Und von den Plakatwänden lachen jederzeit willige Frauen zu uns herab.

Gemessen an den anderen und ihrem regen Sexualleben schneiden wir selbst noch aus einem anderen Grund mickrig ab. Die in der Öffentlichkeit benutzten Zahlen über die Häufigkeit von Sexualität bei Paaren sind stark geschönt. Die meisten Studien zur Häufigkeit von Sexualität beruhen auf den Aussagen der Betroffenen und nicht etwa auf einer teilnehmenden Beobachtung. Da häufiger Sex regelrecht von uns erwartet wird, hübschen Befragte ihr Sexualleben bei Untersuchungen gerne auf. Papier ist geduldig. Es gibt Wissenschaftler, die davon ausgehen, dass bis zu 50 Prozent der behaupteten sexuellen Aktivitäten in Wahrheit nie stattgefunden haben. Und im Übrigen:

Wer hat eigentlich entschieden, dass wir die Qualität unseres Sexuallebens an der Häufigkeit des Geschlechtsverkehrs festzumachen haben?

Irrtum Nr. 3: Sexualität funktioniert auch dann, wenn es in allen anderen Lebensbereichen nicht läuft. Der Mensch ist nicht zu zerteilen in einen Teil, der einen unbefriedigenden Beruf hat, keine Freunde und keine Interessen, die ihn begeistern, und einen anderen Teil, der ein herrliches Sexualleben hat.

Das Ergebnis der Forschung ist eindeutig: Diejenigen Männer und Frauen mit der größten Zufriedenheit in ihrem sonstigen Leben, sind in ihren Partnerschaften ebenfalls am zufriedensten. Und genau dieselben Frauen und Männer sind wiederum auch mit ihrem Sexualleben am zufriedensten. Wer hat, dem wird gegeben. Das finden Sie ungerecht? Leider ist es logisch.

Das Leben folgt dem einfachen menschlichen Gesetz: Erfolg beflügelt. Damit ist nicht gemeint, dass Sie unbedingt beruflich Karriere machen und viel Geld verdienen müssen. Unser Verdienst hat nur einen geringen Einfluss auf unser Lebensgefühl. Es ist die Zufriedenheit mit der Arbeit selbst und mit unserer ganzen Lebenssituation, die sich am Ende eben auch in einer befriedigenden Sexualität niederschlägt.

Wer mit seiner Arbeit zufrieden ist, hat ein höheres Selbstwertgefühl als jemand, der sich nur noch ermattet über den Tag schleppt. Und wissenschaftliche Untersuchungen belegen, dass sich wenig oder gar kein Geschlechtsverkehr vor allem in Partnerschaften findet, in denen einer oder beide unter einem geringen Selbstwertgefühl leiden.

Irrtum Nr. 4: Wenn die Sexualität versiegt, dann ist das ganz normal. Neuerdings haben die Medien einen neuen Weg entdeckt, dass Thema Sexualität zu präsentieren. In den letzten

Jahren häufen sich wohlwollende Berichte über Paare, bei denen die Sexualität völlig zum Erliegen gekommen ist. Der Tenor der Berichte: Das ist doch völlig normal. Das mag in Einzelfällen durchaus so sein. Die Liebe bleibt, aber die Sexualität verabschiedet sich.

Für die große Mehrheit der Beziehungen aber gilt das nicht. Das Versiegen des körperlichen Begehrens ist für ein Paar absolut bedenklich. Das hat einen ganz einfachen Grund. Die Sexualität beruht auf den Gefühlen eines Paares zueinander. Deshalb deutet eine versiegende Sexualität auf ein starkes Nachlassen der Gefühle hin. Das muss einem Paar nicht einmal bewusst werden. Menschen sind Meister im Nicht-Wahrhaben der eigenen Realität, ganz besonders gilt das für die Liebe. Manchmal dauert es Monate und Jahre, bis ein Paar sich eingesteht, dass die Liebe zwischen ihnen erloschen ist.

Ein Verzicht auf Erotik hat Folgen für die Zukunft. Sexualität dient dazu, eine Partnerschaft zu festigen und die Bindung aneinander zu stärken.

Irrtum Nr. 5: Sex mit ein und demselben Partner wird im Laufe der Zeit langweilig. Ich kenne keine Untersuchung, die belegt, dass die Sexualität von Paaren im Laufe der Jahre langweilig wird. Das Begehren wird seltener – na und? Bei Paaren, die sich einander nahe fühlen, wird das körperliche Zusammensein dafür im Laufe der Zeit intensiver erlebt. Das Prickeln der Anfangszeit, als die Verliebtheit den Körper mit Hormonen überschüttete, lässt nach. Stattdessen wird Erotik inniger erlebt. Dies gilt aber nur für Paare, die in einer glücklichen Beziehung leben.

Irrtum Nr. 6: Lust ist die Voraussetzung für Sexualität. Erst lodert die Lust aufeinander lichterloh – dann kommt der Sex. So kennen es alle Paare aus der Anfangszeit ihrer Beziehung.

Doch was in den ersten zwei oder drei Jahren einer Beziehung gilt, ist danach eher selten. Viele Menschen glauben auch später, dass nur spontaner Sex wirklich guter Sex ist. Doch wer den leidenschaftlichen Beginn der Partnerschaft zum Maßstab für die langen folgenden Jahre nimmt, der wartet oft vergeblich. Während bei jungen Paaren beinahe immer die Lust dem sexuellen Handeln vorausgeht, geht in langjährigen Beziehungen oft die Entscheidung der Lust voraus. Manche Psychologen vergleichen die Sexualität mit dem Joggengehen. Warten Sie mit dem Joggen etwa, bis Sie Lust darauf haben? Nein, man tut es einfach und fühlt sich hinterher gut. Langjährigen Paaren hilft es also nicht, auf die Lust zu warten. Denn dann kann es sein, dass die Sexualität selten oder gar nicht mehr stattfindet.

Irrtum Nr. 7: Mangelnde Sexualität kommt immer durch zu wenig Nähe. Sexuelle Lustlosigkeit kann durch eine zu geringe Verbundenheit der Partner ausgelöst werden. Das muss aber nicht so sein. Es kann sich auch um das Gegenteil handeln: die Symbiose. Wenn Paare keine eigenen Wege mehr gehen, wenn sie immer alles zusammen unternehmen wollen, wenn sie unterschiedliche Interessen und Meinungen als Bedrohung für ihre Beziehung ansehen, dann wird Liebe mit Verschmelzung verwechselt. In solchen Fällen ist die Sexualität ein leichtes Opfer übertriebener Harmoniewünsche.

Sexuelle Langeweile kann also auch ein Hinweis darauf sein, dass beide Partner emotional zu sehr verschmolzen sind. Nur wer auch in der Beziehung eigene Wege geht und den Partner eigene Wege gehen lässt – ohne Angst, ihn deshalb gleich zu verlieren –, kann seine Beziehung lebendig halten.

Irrtum Nr. 8: Wenn einer öfter Sex will als der andere, dann ist das ein Problem. Es kommt immer darauf an, was ein Paar daraus macht. Für manche Paare ist das ungleiche Interesse an Sexualität ein Unterschied, mit dem sie gut leben können. Für andere dagegen ist es ein ständiger Anlass für Beziehungsknatsch.

Lassen Sie uns einen solchen Fall von ungleicher Lust doch einmal konkret anschauen: Es ist Mittwochvormittag und Eva schaut versonnen aus dem Fenster, wo Bauarbeiter mit nacktem Oberkörper die Einfahrt neu pflastern. Vor einer Woche hatte sie zuletzt Sex mit Frank und heute – das spürt sie – hat sie wieder Lust. Eva kennt das schon. Sie hat etwa nach einer Woche Lust auf Sex – wenn sie nicht gerade sehr viel Stress bei ihrer Arbeit hat. Bei Frank sieht es ganz ähnlich aus. Im Durchschnitt möchte er so etwa nach zehn Tagen wieder die körperliche Nähe mit Eva genießen. Die beiden liegen nicht weit auseinander, das sieht jeder Außenstehende sofort. Trotzdem sind die Folgen für Eva gravierend. Denn beinahe immer hat sie schon Lust auf ihn, wenn *er* noch nicht daran denkt. Und so gut wie nie ging in den ersten Jahren mit Frank die Initiative zu gemeinsamen Kuschelstunden von ihm aus. Frank hätte eben noch einen oder zwei Tage gebraucht, um die Initiative zu ergreifen.

Schon ein leichtes Ungleichgewicht zwischen Partnern in Bezug auf die Häufigkeit des Wunsches nach Sexualität kann innerhalb der Partnerschaft zu einer Polarisierung führen. Derjenige, der mehr will, übt Druck aus oder fühlt sich gekränkt. Derjenige, der weniger will, fühlt sich verfolgt. Einer will – scheinbar – immer, der andere – scheinbar – nie.

Der kleine Unterschied im Begehren könnte für Eva und Frank also große Folgen haben. Muss er aber nicht. Denn Eva kann mit diesem Zustand gut leben. Sie kann akzeptieren, dass ihre Bedürfnisse und die von Frank ein wenig auseinanderliegen. Sie fühlt sich nicht gekränkt, wenn sie mal wieder möchte und er eben noch nicht.

Eva schaut noch einmal zu den Arbeitern hinaus, die jetzt Pause machen und die Sonne genießen. Beim Gedanken an ihren Frank muss Eva lächeln. Sie könnte ihm heute Abend ein eindeutiges Angebot machen. Sie könnte aber auch warten, bis er die Initiative ergreift. Ist doch auch schön, mal umworben zu werden! Das scheint ihr dieses Mal der bessere Weg zu sein.

Irrtum Nr. 9: Männer wollen mehr Sex als Frauen. Das Klischee will es so: Männer sind immer die Drängler, wenn es um Sexualität geht. Er will immer, sie hat Kopfschmerzen oder ist müde. Stimmt das wirklich? Nein. Unter glücklich verheirateten Paaren hat etwa die Hälfte gleich starke sexuelle Wünsche. Bei einem Viertel ist der Mann interessierter, bei einem weiteren Viertel die Frau. Von diesen Frauen, die öfter Lust auf Sex haben als ihre Männer, ist selten die Rede, genauso wenig wie von den Männern, die seltener Lust haben als ihre Frauen. Sie passen wohl einfach nicht ins gängige Bild.

Was tun, wenn der Sex nicht mehr so schön ist wie früher?

Ziehen Sie bitte in Betracht, dass Ihr Sexualleben ganz einfach normal ist. Es ist nicht weltrekordverdächtig, und es ist nicht grottenschlecht – also was soll's! Eine Beziehung ist nicht in Gefahr, weil der Sex besser sein könnte. Das könnte er beinahe immer. Es ist normal, wenn Sie nicht allzu häufig Sex haben. Es ist normal, wenn der Ablauf bei Ihnen immer der gleiche ist. Es ist normal, wenn einer von Ihnen oder sie beide Probleme haben, zum Höhepunkt zu kommen.

Oftmals wissen Paare selbst sehr genau, warum sie derzeit lustlos sind. Etwa weil der Beruf sie gerade bis an die Grenzen ihrer Belastbarkeit fordert, weil einer der Partner oder ein naher Angehöriger schwer erkrankt ist. In solchen Fällen ist sexuelle Unlust eine völlig normale Reaktion. Wir brauchen unsere Energie für andere Dinge. Zumeist kommt die Lust von selbst wieder zurück, wenn die Umstände sich ändern.

Akzeptieren Sie den Zustand zunächst einmal so, wie er ist. Hadern Sie nicht. Hadern verbraucht zu viel Energie, und die brauchen Sie jetzt für andere Dinge.

Sagen Sie Ihrem Partner, wie sehr Sie ihn und seine Zärtlichkeiten vermissen, wenn der Stress des Alltags Ihnen schon lange auf die Lust geschlagen ist. Wir alle fühlen uns besser, wenn wir wissen, dass der Partner uns noch begehrt.

Nutzen Sie bei Stress im Beruf Entspannungsmöglichkeiten. Oft ist der Kopf nach der Arbeit nicht frei und arbeitet einfach weiter. Viele neigen dann dazu, vor dem Fernseher abzuschalten. Das bringt zwar Ihren Kopf auf andere Gedanken, verhilft aber Ihrem Körper nicht zu der nötigen Entspannung. Um sich wieder wohl in seinem Körper zu fühlen, gibt es eine Reihe von Möglichkeiten. Die wichtigste heißt Bewegung. Laufen, Fahrrad fahren, Schwimmen, Tanzen, Yoga. Wer sich gerne und viel bewegt, der hat das bessere Liebesleben. Sie können auch passive Entspannung nutzen. Gehen Sie in die Sauna, nehmen Sie ein Vollbad. Massieren Sie sich gegenseitig. Kommen Sie zur Ruhe. Und wieder beieinander an.

Es kann aber auch sein, dass keine äußeren Gründe für das mangelnde Begehren vorliegen, sondern innere. Sexuelle Lustlosigkeit ist in diesem Fall ein Symptom, dass Sie auf ein Problem in Ihrer Beziehung hinweisen will. Sie ist ein Bote, der uns eine schlechte Nachricht übermitteln will. Die Nachricht ist ganz unmissverständlich: Mit Ihrer Beziehung steht es zurzeit nicht zum Besten.

Dann gilt: Alles, was die Partnerschaft verbessert, verbessert auch die gemeinsame Sexualität. Deshalb sind die Hauptrichtungen für Lösungsmöglichkeiten bei sexueller Unzufriedenheit die gleichen wie bei Unzufriedenheit mit der Partnerschaft selbst:

- Erstens können Sie Ihre eigene Zufriedenheit erhöhen – etwa indem Sie sich einen Coach suchen, mit dem Sie Ihre Probleme durchsprechen.
- Zweitens können Sie auf die Zufriedenheit Ihres Partners achten – etwa indem Sie dafür sorgen, dass er seine Freundschaften und seine Interessen nicht vernachlässigt, nur weil Sie beide ein Paar sind.
- Und drittens können Sie Ihrer beider Zufriedenheit miteinander verbessern – etwa indem Sie sich mehr Zeit nehmen, miteinander zu reden. Über Ihre Lebensvorstellungen, Pläne und Vorhaben.

Paartherapeuten sind sich einig: Der Hauptgrund für sexuelle Probleme liegt in der mangelnden Kommunikation zwischen den Partnern. Je länger ein Paar zusammenlebt, desto weniger redet es miteinander. Und desto weniger versteht es sich, wenn es doch mal redet.

!

Tipp: Nutzen Sie das Programm für gute Stimmung in der Partnerschaft

Vertagen Sie Konflikte und Streitpunkte in Ihrer Partnerschaft. Sorgen Sie stattdessen für gute Stimmung in der Beziehung. Wenden Sie dafür das Sofort-Programm gegen schlechte Stimmung in der Partnerschaft von Seite 22 an.

Sie erinnern sich: Kümmern Sie sich um sich selbst. Unterlassen Sie jede Kritik am Partner. Lösen Sie eines Ihrer Probleme. Vermeiden Sie alle Problemgespräche. Kümmern Sie sich um Ihren Partner. Machen Sie sich klar, was Sie an Ihrem Partner schätzen. Ergänzen Sie Ihr Maßnahmepaket um einen siebten Punkt: Sorgen Sie für körperliche Nähe.

Setzen Sie sich dabei bitte nicht selbst unter Druck. Nicht jedem gelingt es, sich auf Sexualität einzulassen, wenn offene Konflikte im Hintergrund lauern. Machen Sie sich aber klar, dass wirklich jeder Streitpunkt in einer Partnerschaft besser zu lösen ist, wenn Sie miteinander geschlafen haben. Setzen Sie aber auch niemals Ihren Partner oder Ihre Partnerin unter Druck, sondern werben Sie um ihn oder sie.

Was tun bei lang anhaltender sexueller Unlust?

Lange Phasen sexueller Lustlosigkeit sollten Sie nicht auf die leichte Schulter nehmen. Wenn Sie noch vor zwei Jahren wöchentlich übereinander herfielen, dann sind drei Monate ohne Sex jetzt ein Krisensymptom für Ihre Beziehung.

Auch in diesem Fall gilt: Akzeptieren Sie den Zustand zunächst einmal. Lassen Sie die Erkenntnis zu, dass die sexuelle Lustlosigkeit ein Bote ist, der Ihnen eine schlechte Nachricht überbringt: Mit Ihrer Beziehung steht es *zurzeit* nicht zum Besten.

Suchen Sie sich jemanden, dem Sie sich anvertrauen wollen und können. Denken Sie unbedingt auch darüber nach, in eine Beratungsstelle oder zu einem guten Paartherapeuten zu gehen.

Tun Sie das auch alleine. Es ist nicht entscheidend, dass beide Partner Hilfe suchen, es reicht, wenn Sie das tun. Oft aber wissen Betroffene nicht, was eine länger anhaltende Lustlosigkeit ausgelöst hat. Berater gehen dann in aller Regel wie folgt vor: Sie fragen, wann das Paar zuletzt Lust auf Sex hatte, und dann schauen sie, was danach im Leben des Paares passiert ist. In aller Regel findet sich ein Auslöser für die sexuelle Unlust. Professionelle Hilfe ist besonders wichtig, wenn es zu starken emotionalen Verletzungen in der Partnerschaft gekommen ist, zum Beispiel, wenn der Partner untreu war.

Und noch ein Tipp, der banal klingen mag, sich aber in meiner Beratungspraxis sehr bewährt hat:

Tipp: Teilen Sie die Hausarbeit fair

Was bitte schön hat Hausarbeit mit Sex zu tun? Ob Sie es glauben oder nicht: sehr viel! In Ehen, in denen die Frau den Eindruck hat, dass sein Anteil an der Hausarbeit zu gering ist, berichten sowohl sie als auch er, dass ihr Sex weniger befriedigend ist. Umgekehrt gilt: Hat die Frau den Eindruck, dass der Mann seinen Anteil leistet, dann sind beide mit ihrem Sexualleben zufriedener.

Dabei ist es nicht wichtig, dass der Mann genau die Hälfte der Hausarbeit erledigt. Es reicht völlig, dass seine Frau das Gefühl hat, dass die Aufteilung der Hausarbeit fair ist. Wenn er sehr viel arbeitet, dann hilft es schon, wenn er bereit ist, eine Putzfrau oder Haushaltshilfe zu bezahlen, die beiden die Last erleichtert.

10. Rezept

Treffen Sie die Entscheidung zusammenzuziehen ganz bewusst

Das Unpraktische an Hollywoodfilmen ist, dass sie immer dann zu Ende sind, wenn der wirklich interessante Teil einer Liebesgeschichte noch nicht einmal angefangen hat. Das ist nach meiner Überzeugung dann der Fall, wenn dem glücklichen Paar nach zahlreichen ekstatischen Begegnungen und der üblichen Überwindung einiger banaler Schwierigkeiten die größte praktische Herausforderung bevorsteht, die die Liebe für Paare heute zu bieten hat: Sie wollen zusammenleben. Nicht für einen Tag oder für ein Wochenende. Das kann ja jeder! Auch nicht für drei Wochen im Urlaub in der Karibik. Das gelingt auch den allermeisten. Nein, es geht darum, tagtäglich mit dem gleichen Menschen in einem Bett zu schlafen, die gleiche Küche zu benutzen und seine Zahnbürsten in den gleichen Becher zu stellen. Und trotzdem immer wieder ekstatische Momente miteinander zu haben.

Sie wissen aus den bisherigen Ausführungen, dass ich, was Partnerschaft angeht, zu Optimismus neige: Eine Beziehung bereichert das Leben. Und wenn Sie die gröbsten Fettnäpfchen vermeiden, dann ist sie nicht einmal schwierig zu führen. Aber in der Frage des Zusammenziehens muss ich Ihnen gleich zu Beginn dieses Kapitels reinen Wein einschenken: Es ist eine der schwierigsten Entscheidungen, und Sie sollten sie daher sehr bewusst treffen.

Die große Verunsicherung

Gleich aus drei Richtungen wird den Liebenden heute das Zusammenwohnen schwer gemacht. Da ist erstens der Wegfall der haltgebenden Traditionen und damit verbunden eine tiefgreifende Individualisierung der Gesellschaft. Zwei Menschen haben heute oft sehr unterschiedliche Vorstellungen von Haushaltsführung, Ordnung, Essensgewohnheiten und Schlafenszeiten. Wer gemeinsam in einer Wohnung wohnen will, der steht aber unter dem Zwang, für einige dieser Punkte tragfähige Lösungen zu finden. Sonst nimmt die Liebe unweigerlich Schaden.

Da ist zweitens die begrenzte Veränderbarkeit des Menschen. Wer gemeinsam in einer Wohnung leben will, muss sich verändern. Wer sich den Vorstellungen des anderen aber zu sehr anpasst, riskiert die Liebe. So ist es auch hier von größter Wichtigkeit, sich über die gemeinsame Schnittmenge und den nötigen Freiraum für sich selbst klar zu werden.

Und da ist drittens eine große Unklarheit über die Rollenverteilung zwischen Männern und Frauen. Wer gemeinsam in einer Wohnung leben will, der steht über kurz oder lang vor Fragen wie diesen: Zu wie viel Hausarbeit ist er zu bewegen? Wie viel Einsatz erwartet sie von ihm? Sieht sie die Küche insgeheim doch als ihr Reich an, in dem er hin und wieder aushelfen darf? Oder kann sie sich sogar vorstellen, dass er den Haushalt schmeißt, während sie in ihrer Firma Karriere macht?

Auf diese Fragen gibt es keine einfachen Antworten. Und leider bekommen Sie von Ihrem Partner oder Ihrer Partnerin vor dem Zusammenziehen oft nicht einmal ehrliche Antworten. Einerlei welchen Mann Sie auch fragen, alle werden Ihnen vorher versichern, dass in keinem Fall die Frau alleine den Haushalt schmeißen soll, während er mit ein paar Kumpels Karten spielt.

Das heißt aber keinesfalls, dass nicht genau das nach dem Zusammenziehen passieren wird.

Einerlei welche Frau Sie auch fragen, jede wird Ihnen versichern, dass sie sich eine partnerschaftliche Aufteilung der Hausarbeit wünscht und dass sie in keinem Fall den großen Teil der Hausarbeit erledigen will. Doch nach dem Zusammenziehen sieht es schnell anders aus.

Viele Männer werden Ihnen wortreich versichern, wie gerne sie – wenn Kinder kommen – im Beruf kürzertreten und sich mehr um die Familie kümmern wollen. Doch just zur Geburt des ersten Kindes bekommt er ein Wahnsinnsprojekt übertragen, das er unmöglich ablehnen kann und das jede Woche zahlreiche Überstunden nötig macht.

Viele Frauen werden Ihnen versichern, dass sie gerne Karriere machen wollen und dem Mann Kinder und Küche überlassen. Doch ob sie tatsächlich mit solch einer Rollenumkehrung umgehen kann und nicht von heute auf morgen zu einer unausstehlichen Mitbewohnerin mutiert, werden Sie erst erleben, wenn Sie tatsächlich ernst machen mit Ihrer Ankündigung. Sich einen Hausmann zu wünschen, ist eben doch etwas völlig anders, als einen Hausmann tatsächlich zu haben.

Der Traditionalisierungsschub. Die traditionelle Rollenverteilung zwischen Mann und Frau – sie führt den Haushalt, er geht einer Erwerbstätigkeit nach – hat nach wie vor Bestand. Wenn zwei Menschen zusammenziehen, offenbart sich diese Konvention oft erbarmungslos. Die Partnerschaft erleidet den sogenannten Traditionalisierungsschub. Frauen fühlen sich mit einem Mal in Haushaltsfragen zuständiger als zuvor. Männer hingegen fühlen sich zunehmend weniger zuständig und überlassen einen Großteil der Entscheidungen und Arbeiten, die mit dem Haushalt zu tun haben, den Frauen.

Einen weiteren Traditionalisierungsschub erleben Paare, wenn sie ein Kind bekommen. *Sie* bleibt zuhause, und schon bleibt die Hausarbeit komplett an ihr hängen. Und wenn sie wieder arbeiten geht, ist diese Aufteilung schwer aufzulösen.

Langsamkeit in der Liebe tut gut

Viele Menschen können es gar nicht erwarten – die gemeinsame Wohnung, ein gemeinsames Schlafzimmer. Sich zu lieben bedeutet in ihren Augen, den Alltag zu teilen. Und das so schnell wie möglich. So setzen viele Paare beim Zusammenziehen auf Tempo. Nach drei Wochen, spätestens nach drei Monaten, soll der gemeinsame Haushalt Wirklichkeit sein.

Das Ergebnis ist häufig absehbar: Zank, Streit, Überforderung. Und schon versiegen die liebenden Gefühle. *Es war wohl doch nicht der Richtige!* Doch beim nächsten Mann, bei der nächsten Frau wird gar nichts anders. Wieder der gleiche Ablauf: verlieben, schnelles Zusammenziehen, Streit, auseinandergehen. Deshalb: Lassen Sie sich Zeit.

Gönnen Sie sich ein langsames Wachsen Ihrer Liebe und eine zunehmende Nähe zu Ihrem Partner. Nehmen Sie sich dafür genau die Zeit, die Sie brauchen. Nehmen Sie sich Zeit, ein eigenes Lebens- und Liebesmodell zu finden. Glauben Sie mir: Viel zu viele Paare tun das nicht und scheitern deshalb Mal um Mal.

Proben Sie das Zusammenwohnen. Geben Sie Ihre eigene Wohnung nicht auf. Sie können ja immer mehr Zeit zusammen in einer Ihrer beiden Wohnungen verbringen. Viele Paare tun das über lange Zeit. Eine der Wohnungen wird mehr oder weniger zur Hauptwohnung, die andere zur Nebenwohnung. Die Nebenwohnung dient weiterhin als Rückzugsort, zum Beispiel wenn es in Ihrer Beziehung gerade mal knirscht oder einer von Ihnen einfach zu viel Stress hat und mehr Ruhe braucht.

Solche Übergangsmodelle sollen die Entscheidung zusammenzuziehen nicht sinnlos hinauszögern oder den Partner hinhalten, weil einer von beiden sich so richtig doch noch nicht zur Partnerschaft bekennen mag. Sie haben vielmehr ein klares Ziel: Sie als Paar zu stärken. Über kurz oder lang entscheiden sich die allermeisten Paare doch für das gemeinsame Lebensmodell.

Lernen Sie, gemeinsam in einer Wohnung zu leben

Zusammenzuziehen ist eine der härtesten Prüfungen für die Liebe, die es gibt. Ein Paar, das zusammenzieht, muss damit rechnen, dass es sich in naher Zukunft in einige unangenehme Diskussionen verwickeln wird.

Liebling, warum hast du keine Butter mitgebracht? Wer hat eigentlich das Licht im Keller angelassen? Schatz, hier liegen drei Paar Socken und zwei Boxershorts auf dem Fußboden. Wolltest du warten, bis sie Flügel bekommen, oder wirfst du sie in absehbarer Zeit noch in den Wäschekorb?

Bei Umfragen über Paarkonflikte liegt der gemeinsame Haushalt als Anlass für Auseinandersetzungen weit vorn. Zwei Themen werden besonders häufig genannt: Paare streiten gerne und viel über die Ordnung in der gemeinsamen Wohnung. Und Paare streiten über die gerechte Verteilung der Hausarbeit.

Sicher ist es möglich, auch ohne das Abenteuer Zusammenwohnen ein Paar zu sein. Dauerhaft aber versuchen das die wenigsten Paare. Der Wunsch nach einem gemeinsamen Nest ist zu groß. Und es ist ein Bekenntnis zueinander, mehr miteinander teilen zu wollen als die gemeinsame Freizeit. Die sechs Grundregeln für das Zusammenwohnen sollen Ihnen eine glückliche Zeit in der gemeinsamen Wohnung ermöglichen.

Regel Nr. 1: Erwarten Sie Schwierigkeiten. Wenn Sie den Schritt zur gemeinsamen Wohnung gehen, dann sollten Sie die gemeinsame Zukunft nicht nur rosarot sehen. Seien Sie realistisch genug, neben den zu erwartenden Freuden auch die absehbaren Probleme auf sich zukommen zu sehen. Erwarten Sie Schwierigkeiten.

Unrealistisch hohe Erwartungen sind ein Stolperstein für die Liebe. Viele Paare trennen sich, kaum dass sie voller freudiger Erwartungen zusammengezogen sind. Erwarten Sie Schwierigkeiten. Und seien Sie angenehm überrascht, wenn am Ende das Positive das Negative bei weitem überwiegt.

Regel Nr. 2: Beide Partner müssen sich wohlfühlen. Wenn Sie lernen wollen, gemeinsam in einer Wohnung zu leben, dann ist es absolut unabdingbar, dass Sie beide sich wohlfühlen in ihrem Nest. Sie beide haben dazu das gleiche Recht. Es nutzt Ihnen nichts, wenn immer Sie Ihre Vorstellungen von Ordnung durchsetzen. Es hilft Ihnen auch nicht, wenn Sie immer nachgeben. Beides führt über kurz oder lang in eine Sackgasse. In manchen Dingen muss sich ein Paar einigen, ganz einfach aus dem Grund, weil es jetzt gemeinsam die Küche nutzt, den Flur, das Schlafzimmer oder das Bad. Wer alleine wohnt, der kann morgens Teller und Tassen samt Marmeladengläsern auf dem Tisch stehen lassen. Kein Problem. *Dann räume ich es eben weg, wenn ich nachhause komme.* Wer zusammenwohnt, handelt sich, wenn er das tut, möglicherweise eine mittelschwere Beziehungskrise ein. Jeder von Ihnen muss sich in der gemeinsamen Wohnung wohlfühlen. Das ist der Kern der Wohlfühlregel.

Regel Nr. 3: Schaffen Sie Freiräume. Sorgen Sie dafür, dass der Druck, sich einigen zu müssen, nicht zu groß wird. Dazu gibt es einige Möglichkeiten: Jeder kann in der gemeinsamen Wohnung zum Beispiel ein eigenes Zimmer haben, wo er tun und lassen kann, was er will und sich nicht den gemeinsamen Ordnungsregeln unterwerfen muss. Oder Sie haben zumindest eine eigene Ecke für Ihren Schreibtisch, wo Ihre Unordnung wuchern darf, so wie Sie es wollen. Auf diese Weise schaffen Sie Bereiche, in denen mehr Ordnung herrscht, und Bereiche, in denen der weniger Ordentliche von Ihnen so sein kann, wie er will.

Regel Nr. 4: Verurteilen Sie den anderen nicht. Jeder hat ein Recht darauf, seine Bleistifte in Reih und Glied anzuordnen oder auf seinem Schreibtisch das kreative Chaos walten zu lassen. Es geht nicht darum, dem anderen klarzumachen, dass er die Dinge falsch anpackt. Bewerten Sie die Vorstellungen des anderen also nicht negativ, auch nicht, wenn es um die gemeinsame Ordnung geht. Beide sind bislang mit ihren jeweiligen Lebensmodellen gut zurechtgekommen. Zu kritisieren gibt es da nichts. Das bedeutet nicht, dass Ihnen manche Angewohnheit Ihres Partners oder Ihrer Partnerin nicht gehörig auf die Nerven gehen kann. Und das darf sie auch!

Aber wenn Sie lernen wollen, gemeinsam in einer Wohnung zu leben, dann müssen Sie Lösungen finden, mit denen Sie beide gut leben können, und keine Debatten darüber führen, wer es besser macht.

Regel Nr. 5: Ermöglichen Sie ein Geben und Nehmen. Machen Sie aus Ihren unterschiedlichen Vorstellungen über Ordnung doch einfach einen florierenden Tauschhandel: *Tausche ordentlichen Flur gegen geschlossenen Toilettendeckel.*

Dabei setzt jeder einen Teil seiner Vorstellungen durch. Wie wichtig ist es Ihnen denn, dass der Abwasch immer abends gemacht wird und nicht erst am nächsten Tag? Wären Sie bereit, dafür auch etwas zu geben? Dann können Sie etwas zum Tausch vorschlagen. Bei dieser Vorgehensweise machen Sie dem anderen deutlich, wie wichtig Ihnen Ihr Anliegen ist – ohne dabei zu kritisieren. Sie vertreten sich und Ihre Bedürfnisse. Damit übernehmen Sie Verantwortung für Ihr Wohlergehen in der Beziehung. Gleichzeitig kommt auch Ihr Partner, Ihre Partnerin zum Zuge.

Regel Nr. 6: Sorgen Sie für eine gerechte Verteilung der Hausarbeit. Trotz der partnerschaftlichen Wende ist Hausarbeit zwischen Männern und Frauen nicht gerecht verteilt. Frauen machen nach wie vor den größten Teil der Hausarbeit. Sie kochen mehr. Sie putzen mehr. Sie tragen die Hauptlast bei der Kindererziehung. Das ist auch dann der Fall, wenn Frauen erwerbstätig sind. Zählt man die Arbeitsstunden im Beruf und zuhause zusammen, dann arbeiten sie wöchentlich fünf Stunden mehr als ihre Männer. Diese Zahlen sind Durchschnittszahlen, und sie sagen über den einzelnen Mann und sein Verhalten in einer Partnerschaft noch lange nichts aus. Trotzdem: Das ist ungerecht.

Und es ist nicht nur ungerecht, viele Frauen empfinden es auch als ungerecht. Das hat Folgen für die Beziehung. Das Gefühl einer ungerechten Lastenverteilung drückt in zahlreichen Beziehungen auf die Stimmung. Das Gefährliche an diesem Druck: Da die Ungerechtigkeit Tag für Tag aufs Neue erlebt wird, wirkt sie schleichend und stetig auf die Beziehung ein. Langfristig kann dieser Druck eine Partnerschaft zerrütten.

Ein Wort an die Männer

Männer können putzen. Aber seien wir ehrlich: Sie tun es nicht gerne. Die Folgen der männlichen Verweigerung gegenüber der Hausarbeit können für eine Beziehung verheerend sein. Wenn ein Mann seinen Anteil an der Hausarbeit nicht erledigt, dann fühlt sich seine Frau nicht respektiert und unterstützt. Das Klima in der Beziehung wird unweigerlich schlecht. Für dieses Problem gibt es nach meiner festen Überzeugung nur eine überzeugende Lösung: Männer müssen mehr Hausarbeit machen.

!

Tipp: Hören Sie auf Ihre Frau!

Hören Sie ihr vor allem aufmerksam zu. Das gilt besonders, wenn sie unzufrieden mit der Verteilung der Haushaltspflichten ist. Nichts kann Ihr häusliches Wohlbefinden so sehr beeinträchtigen, wie anhaltender Streit über den Haushalt. Nehmen Sie sie ernst. Es kommt nicht darauf an, wie viel Arbeit die Frau Ihres Bruders tagtäglich bewältigt oder ob Ihr Kollege zuhause keinen Finger krumm macht. Es kommt einzig und allein darauf an, wie Ihre Frau die Situation bei Ihnen zuhause erlebt. Hören Sie auf Ihre Frau. Hören Sie ihr aufmerksam zu. Sie sollten unbedingt wissen, wie zufrieden oder unzufrieden sie mit der Arbeitsverteilung ist.

Was tun, wenn Ihre Arbeitsbelastung sehr hoch ist? Vielleicht sehen Sie einfach keine Möglichkeit, etwas an der Arbeitsverteilung in Ihrer Beziehung zu verändern. Die Belastung durch Ihre Arbeit ist möglicherweise einfach zu groß. Sie kommen allabendlich völlig geschafft nachhause. Und dann brauchen Sie auch mal eine ruhige Minute. Was können Sie tun?

Erkennen Sie in diesem Fall das Problem der ungerechten Verteilung der Hausarbeit an, auch wenn es Ihnen unmöglich erscheint, Ihrer Frau entgegenzukommen. Wenn Sie die Ungerechtigkeit anerkennen, wird das einen positiven Einfluss auf die Stimmung zwischen Ihnen beiden haben. Sie nehmen Ihre Frau damit ernst. Und Sie machen deutlich, dass Sie für eine Lösung aufgeschlossen sind.

Erkennen Sie die Leistung Ihrer Frau an. Zollen Sie Ihr Respekt und bedanken Sie sich – auch für scheinbare Selbstverständlichkeiten wie frisch bezogene Betten oder Ihre Lieblingsmarmelade auf dem Frühstückstisch.

! **Tipp: Suchen Sie nach Lösungen**

Denken Sie über die Situation nach und überlegen Sie sich Lösungen. Wer könnte Ihre Frau entlasten? Lassen sich bestimmte Arbeiten im Haushalt einsparen? Können Sie eine Putzfrau bezahlen, die Wäsche von einem Wäschedienst machen lassen oder jemanden finden, der für Sie beide die Einkäufe erledigt? Vielleicht gibt es ja in Ihrer Nachbarschaft einen Teenager, der sich gerne etwas dazuverdienen möchte. Wichtig ist, dass Sie es nicht alleine Ihrer Frau überlassen, eine Lösung für das Problem zu finden. Denken Sie selbst über Lösungen nach. Sprechen Sie das Thema Hausarbeit von sich aus wieder an. Warten Sie nicht, bis Ihre Frau das tut.

Traditionelle Partnerschaften. Es gibt keine feste Regel, wie viel Beteiligung an der Hausarbeit eine Frau als gerecht ansieht.

Kein Gerechtigkeitsproblem ergibt sich für Sie, wenn Ihre Frau traditionell eingestellt ist. Ist sie der Überzeugung, dass es die Aufgabe der Frau ist, die Wäsche zu waschen und das Essen auf den Tisch zu bringen, dann fühlt sie sich sogar wohler, wenn Sie als Mann im Haushalt nicht allzu sehr in Erscheinung treten. Sie fühlt sich geachtet und respektiert, wenn Sie den Haushalt weitgehend ihr überlassen. Von Ihnen erwartet sie dann allerdings auch, dass Sie die traditionellen männlichen Arbeiten erledigen wie Rasenmähen, Dachrinnenreinigen und Wagenpflege.

Wann ist die Hausarbeit gerecht verteilt? Manche Frau ist schon zufrieden mit der familiären Lastenverteilung, wenn Sie einmal in der Woche den Großeinkauf erledigen. Eine andere wünscht sich, dass Sie die Hälfte der Arbeit erledigen. Und eine dritte erwartet vielleicht, dass Sie Ihren mangelnden Einsatz durch die Bezahlung einer Putzfrau wettmachen. Noch einmal: Bringen Sie unbedingt in Erfahrung, wie Ihre Frau darüber denkt. Das Gefährliche an Unzufriedenheit mit der Arbeitsverteilung ist, dass sie jeden Tag aufs Neue geschürt wird – weil jeder Tag als ungerecht erlebt wird. Bauen Sie dem vor!

Ein Wort an die Frauen

Glauben Sie keinen Lippenbekenntnissen von Männern. Die Frau soll die Hausarbeit nicht alleine erledigen müssen – einer solchen Aussage stimmen problemlos alle Männer zu. Viele geloben sogar hoch und heilig, die Hälfte der anfallenden Arbeiten zu übernehmen. In Wahrheit glauben Männer, wenn sie mit einer Frau zusammenziehen, tief in ihrem Inneren immer noch, der Haushalt sei der Job der Frau. Und das Schlimme ist, das tief in ihrem Inneren auch viele Frauen dies glauben.

Können Sie Ihre Erwartungen an ihn reduzieren? Erwartungen haben einen sehr großen Einfluss auf unsere Zufriedenheit in einer Partnerschaft. Wenn Sie von Ihrem Partner erwarten, dass er sich zur Hälfte an der Hausarbeit beteiligt, dann ist Ihre Unzufriedenheit groß, wenn sich herausstellt, dass er dazu nicht bereit ist oder dass seine berufliche Situation das gar nicht zulässt. Überprüfen Sie also Ihre eigenen Erwartungen. Sind sie realistisch?

Seien Sie ehrlich zu sich: Nur weil er keine Zeit hat, heißt das noch lange nicht, dass *Sie* seinen Anteil an der Hausarbeit erledigen müssen. Sie können das tun, wenn Sie sich dabei gut fühlen. Sie können aber auch nach anderen Lösungen suchen, zum Beispiel nach Hilfe von Dritten.

Überprüfen Sie Ihr Selbstbild. Das Bild der guten Hausfrau, die alles perfekt im Griff hat, ist auch heute noch in vielen Frauenköpfen fest verankert. Warum aber nicht ein paar Abstriche machen? Seien Sie ehrlich zu sich: Ihre Zufriedenheit ist wichtiger als Ihr Ehrgeiz, eine perfekte Mutter und Hausfrau zu sein. Überfordern Sie sich nicht. Eine Partnerin, die sich anhaltend überfordert, ist kein stabilisierender Faktor für eine Beziehung.

Treffen Sie konkrete Absprachen. Stellen Sie einen Haushaltsplan auf. Treffen Sie klare Absprachen mit ihm, und verzichten sie auf stumme Erwartungen, was der andere Ihrer Meinung nach tun sollte.

Sagen Sie deutlich, was er tun soll, wenn Sie gerade seine Hilfe brauchen. Manche Männer sind unglaublich hilfsbereit – wenn man ihnen ganz konkret sagt, was sie tun können.

Was tun, wenn er seinen Anteil nicht macht? Sagen Sie ihm klipp und klar und ohne einen Anflug von Nörgelei in der Stimme, wie Sie sich fühlen, wenn er seinen Anteil an der Hausarbeit nicht macht. Sagen Sie ihm auch, wie Sie sich fühlen, wenn er seinen Anteil nur leistet, wenn Sie ihn zuvor dazu ermahnt haben. Männer sind Nörgeleien gewohnt. Schon ihre Mütter haben mit ihnen herumgenörgelt, und auch damals haben sie sich davon kaum beeindrucken lassen. Ein ruhiger und bestimmter Ton erreicht ihn besser.

Was tun, wenn er viel arbeitet? Wenn Sie lernen wollen, gemeinsam mit Ihrem Partner in einer Wohnung zu leben, dann übernehmen Sie nicht den größten Teil der Hausarbeiten, es sei denn, Sie sind traditionell eingestellt und haben keine Probleme mit seiner Abstinenz bei Haushaltsdingen.

Mag sein, dass er viel zu tun hat oder immer unterwegs ist oder gar ein verwöhntes Muttersöhnchen, das weder seine Wäsche waschen kann, noch glaubt, dass ein Mann in der Lage ist, so eine schwierige Tätigkeit zu erlernen. Aber: Sie sind nicht seine Putzfrau! Und Sie sollten sich gewissenhaft fragen, ob Sie wirklich in der Lage sind, eine zufriedene und glückliche Partnerin zu sein, wenn sie klaglos diese Rolle übernehmen.

Sorgen Sie für Hilfe durch Dritte. Engagieren Sie eine Haushaltshilfe, die zuhause das Gröbste erledigt. Lassen sie den Einkauf erledigen. Geben Sie die Wäsche aus dem Haus. Besorgen Sie sich einen Babysitter.

11. Rezept

Loben Sie Ihren Partner, sooft Sie können

»Warum stellst du dich nur immer so an?«, faucht Eva aufgebracht. Frank will nicht mit zum Geburtstag ihrer Großtante Klara fahren. Ihm liegen Familientreffen nicht. Und die Zusammenkünfte bei Großtante Klara mag er schon gar nicht. »Warum ist Frank nur so schrecklich stur?«, beklagt sich Eva bei ihrer Freundin Karin. Doch die reagiert ganz unerwartet.

»Wann hast du ihn eigentlich das letzte Mal gelobt?« Bei dieser Frage ist Eva sprachlos. Ja, wann eigentlich? Als er das Bad gestrichen hat, während sie zu ihrem Opernwochenende in Berlin war? Nein, da nicht. Da gab es zu viel zu erzählen: von der wunderbaren Aufführung in der Berliner Staatsoper, von der leckeren Pizza aus dem Holzofen in einem Restaurant in Prenzlauer Berg, von den langen Spaziergängen mit Karin durch die abendliche Stadt. Franks Einsatz zur Verschönerung der Wohnung war damals völlig untergegangen.

Eva hätte natürlich auch später etwas sagen können. Dass sie sich gefreut hat. Dass das Bad ihr gut gefällt mit dem dunkel abgesetzten Streifen über den weißen Kacheln, so wie die beiden es schon im vergangenen Jahr miteinander besprochen hatten. Sie hätte. Hat sie aber nicht. Sie hat damit eine wichtige Gelegenheit verpasst, ihre Beziehung zu stärken.

Eva ist nachdenklich geworden. Karins Frage, wann sie Frank das letzte Mal gelobt hat, hat sie getroffen. »Kann es sein, dass du ihm zu selten sagst, was du an ihm schätzt?«, möchte Karin von ihr wissen. »Ist er nicht neulich dir zuliebe sogar drei Tage mit bei deinen Eltern gewesen?« Da muss Eva ihr Recht geben. »Na also!«, sagt Karin. »Dafür hat er ja wohl ein dickes Lob verdient.«

Loben ist ein Erfolgsrezept

Loben stärkt die Bindung eines Paares aneinander. Durch jede positive Äußerung festigen Sie Ihre Bindung, weil Sie dem anderen sagen, was Sie an ihm schätzen.

In lebendigen Partnerschaften

- bestätigen sich beide Partner gegenseitig ihrer Wertschätzung,
- gibt es wenig Kritik und viele zugewandte Äußerungen,
- freuen sich beide Partner, wenn sie eine Gelegenheit finden, dem anderen etwas Positives zu sagen.

Manch eine Partnerschaft verliert nur deshalb an Lebendigkeit, weil es die Partner nach der Verliebtheitsphase nicht mehr für nötig halten, einander zu loben. In jeder schwierigen oder sterbenden Beziehung finden sich ein hohes Maß an Kritik und ein eklatanter Mangel an positiver Zuwendung. Lob ist für eine Beziehung wie ein lebenswichtiges Vitamin. Wenn es fehlt, dann stirbt die Beziehung. Manch eine Partnerschaft geht nur aus diesem Grund zu Ende: Beide Partner geizen mit Anerkennung.

Ein Lob tut Männern wie Frauen gut. Loben Sie Ihren Partner sooft Sie können – dieser Rat gilt selbstverständlich für Männer wie für Frauen. Früher, vor der partnerschaftlichen Wende, war es die Aufgabe einer guten Ehefrau, ihren Mann zu loben und ihm immerzu den Rücken zu stärken für seine wahrhaft schwierigen Aufgaben – die natürlich immer wichtiger waren als die bescheidenen Taten der Frau. Diese Zeiten der einseitigen Anerkennung von Männern sind zum Glück vorbei.

Loben Sie Ihre Partnerin sooft Sie können. Anerkennende Worte tun Frauen wie Männern gut, beide brauchen Anerkennung. Eine gute Beziehung ist ohne Lob, ohne anerkennende Worte und ohne Unterstützung für den Partner nicht zu haben.

Natürlich war das auch vor der partnerschaftlichen Wende schon so. Auch damals waren nur diejenigen Partnerschaften glücklich, in denen auch mal die Männer über ihren Schatten sprangen und ihrer Frau hilfreich wie anerkennend zur Seite standen.

Ein Lob verleiht Flügel

Sind Sie sparsam mit Lob? Fällt es Ihnen leichter, etwas zu kritisieren, als zu loben? Den allermeisten Menschen geht es so wie Ihnen. Willkommen im Club!

Kritik fällt vielen Menschen leichter. Oft haben wir schon in unserem Elternhaus gelernt, dass der Mensch aus Fehlern besteht, auf die er regelmäßig hingewiesen wird. Viele Eltern glauben, ihre Kinder durch häufige Hinweise auf ihre Fehler verbessern zu können. Das übermäßige Kritisieren ist also ein unguter Teil unserer Erbschaft, die wir in eine Partnerschaft hineintragen. Wir machen es so, wie wir es aus unserer Kindheit kennen.

Ein weiterer Ursprung für Kritik am Partner ist eine ausgeprägte perfektionistische Haltung. Manche Menschen kritisieren den Partner viel, weil sie sich selbst gegenüber sehr kritisch sind. Wer hohe Ansprüche an sich selbst hat, stellt die auch an den Partner. Auch wenn die Ansprüche unrealistisch hoch sind. Wer sich selbst also nie etwas recht machen kann, der wird auch beim Partner so schnell nichts zu loben finden.

Machen Sie sich klar, dass Sie eine wichtige Chance vergeben, etwas für die Zufriedenheit in Ihrer Partnerschaft zu tun, wenn Sie selten und ungern loben. Das gilt zum einen für die Zufriedenheit Ihres Partners – jeder Mensch wird gerne positiv gesehen. Das gilt aber auch für Ihre eigene Zufriedenheit mit der Beziehung. Wer selbst sparsam mit Lob ist, der wird seinerseits auch vom Partner weniger positive Äußerungen erleben.

Loben ist eine Lebenshaltung. Wer lobt, sieht die Welt und den Partner von der positiven Seite. Wer lobt, glaubt, dass der Partner noch viel mehr aus sich machen kann. *Ein Lob verleiht Flügel* – dieser Satz aus der Kindererziehung gilt auch in der Partnerschaft. Alle Menschen blühen auf, wenn sie gelobt werden.

Gegenüber ihren Freunden verhalten sich die meisten Menschen höflich und hilfsbereit. Sie loben, machen Komplimente. Auch bei der Arbeit sind Sie freundlich und zuvorkommend. Sie wollen es sich ja mit den Kollegen nicht verderben! Und dem Chef gegenüber sind Sie sowieso die Freundlichkeit in Person. Schließlich wollen Sie ja nicht entlassen werden!

Ihr Partner sollte Ihnen wichtiger sein als Freunde, Kollegen oder Chefs. Pflegen Sie also auch mit ihm höfliche Umgangsformen. Bedanken Sie sich, wann immer Sie eine Gelegenheit dazu sehen, und loben Sie Ihren Partner, sooft Sie können.

Loben Sie Ihren Partner für Alltägliches. Die Möglichkeiten, den anderen im Alltag zu loben, sind nahezu unerschöpflich. Es brauchen ja nur Kleinigkeiten zu sein: Wir können uns beim anderen bedanken – weil er uns den Gang zum Briefkasten abgenommen hat. Wir können ihn für das leckere Essen loben – auch wenn es nur ein Fertiggericht war. Oder wir können uns darüber freuen, dass er den Einkauf für uns erledigt hat – auch wenn er leider die Eier nicht mitgebracht hat. Wir können ihm sagen, wie sehr uns sein neuer Pullover gefällt.

Loben Sie Ihren Partner für Erfolge. Bestärken Sie Ihre Partnerin, Ihren Partner unbedingt auch bei Erfolgen. Gerade wenn wir mutig waren, wenn wir uns angestrengt haben, um ein Ziel zu erreichen, und am Ende die Früchte unserer Anstrengungen ernten – gerade dann tut ein anerkennendes Wort des Partners gut. Das gilt ganz besonders, wenn es Ihrem Partner oder Ihrer Partnerin schwerfällt, sich selbst die verdiente Anerkennung zu geben.

Manche Menschen sind nur selten mit sich zufrieden. Seien sie großzügig bei der Einschätzung, was für Ihre Partnerin, was für Ihren Partner ein Erfolg ist. Messen Sie den anderen bitte nicht mit Ihrem eigenen Maßstab. Entscheidend ist, ob er, ob sie einen neuen Schritt getan hat.

Wenn also Ihr Partner endlich dem schwierigen Kollegen, der immer alle Arbeit abschiebt, eine deutliche Grenze gesetzt hat, dann erkennen Sie seine Leistung bitte auch an. Wenn sich Ihre Partnerin nach langem Überlegen zu einem Arbeitsplatzwechsel durchgerungen hat, dann stärken Sie ihr bitte den Rücken und loben sie für ihren Mut.

Loben Sie Ihren Partner für seine Stärken. Besonders wichtig ist es für den Bestand einer Beziehung, dass Sie sich lobend über diejenigen Dinge äußern, die Sie am anderen schätzen.

Das hat zwei Gründe. Erstens soll sich Ihre Partnerin, Ihr Partner durch Ihr Lob angenommen und akzeptiert fühlen. Das alleine kann manch eine Beziehung stärken. Der zweite

Grund aber liegt in Ihnen selbst. Mithilfe Ihres täglichen Lobens konzentrieren Sie sich auf die angenehmen Seiten Ihrer Beziehung. Sie lenken Ihre eigene Aufmerksamkeit auf das, was gut ist. Allzu oft werden Partnerschaften nur deshalb mit der Zeit schwierig, weil wir das Positive am anderen als selbstverständlich ansehen und uns mehr und mehr auf die Dinge konzentrieren, die wir nicht schätzen. Mit der Zeit sehen wir deshalb nicht mehr, welches Geschenk der andere für uns ist.

Übung: Den Partner für seine Stärken loben

Erinnern Sie sich an die Übung *Das Gute sehen* aus dem Rezept Nr. 3 (siehe Seite 42)? Damals wollte ich Sie vom bösen Blick abhalten, der dafür sorgt, dass wir nur noch das Unangenehme an unserem Partner, an unserer Partnerin bemerken.

Ich möchte diese Übung jetzt gerne mit Ihnen fortsetzen: Nehmen Sie sich die Liste wieder vor, die Sie für Kapitel 3 angefertigt haben. Schauen Sie sich die Stärken Ihrer Partnerin, Ihres Partners genau an. Ergänzen Sie die Liste noch um weitere Punkte. Sie sollten am Ende mindestens sieben Stärken dort stehen haben.

Dann kommt der nächste Schritt: Denken Sie sich jeden Tag eine lobende Bemerkung aus, die sich auf eine dieser Stärken bezieht – eine Woche lang.

Wenn Sie also einen sehr stillen Partner haben, den Sie als Ihren ruhigen Pol erleben, als einen Fels in der Brandung, dann sagen Sie ihm das auch. Wenn Sie Ihre Partnerin ganz besonders dafür schätzen, dass sie – anders als Sie – viele langjährige Freundschaften hat, dann sagen Sie ihr das.

Machen Sie diese Übung bitte sehr gewissenhaft. Machen Sie sie vor allem dann, wenn Sie Ihnen unangenehm ist, wenn Sie also gerne kritisieren und ungern loben. Gehen Sie mithilfe dieser Übung aktiv gegen diese kritische Haltung vor. Probieren Sie mit Hilfe dieser Übung ein anderes Verhalten aus – und warten Sie dann ab, was passiert.

Loben Sie Ihren Partner oder Ihre Partnerin also jeden Tag – eine Woche lang. Beobachten Sie aufmerksam, wie es Ihnen dabei ergeht. Fällt es Ihnen leicht, den anderen zu loben? Fällt es Ihnen schwer? Ziehen Sie nach einer Woche eine Zwischenbilanz. Was hat sich verändert durch Ihre Bemühungen, Ihre Partnerin, Ihren Partner täglich zu loben? Viele Menschen wundern sich, wie viel besser sie sich in ihrer Beziehung fühlen.

Lob kann verändern

Kennen Sie die Geschichte von dem Coach, der eine Baseballmannschaft zu besseren Leistungen motivieren sollte? Nach jedem Spiel seiner Mannschaft hat jener Coach mit seinen Spielern gesprochen. Er hat ihnen erzählt, was sie in dem Spiel falsch gemacht hatten. Dabei ist unserem Mann zweierlei aufgefallen. Erstens: Seine Spieler erfuhren durch ihn nichts Neues. Sie alle kannten ihre Schwächen nämlich schon. Und zweitens: Seine Spieler wurden nicht erfolgreicher. Wie auch? Indem man auf seine Fehler hingewiesen wird, kann man noch lange nichts besser.

Nach dieser Erfahrung mit der Kritik an seinen Spielern hat es unser Coach dann mit einer ganz anderen Strategie versucht: mit Lob. Nach jedem Spiel hat er seinen Leuten erklärt, was sie alles gut gemacht hatten. Wann sie besonders geschickt oder wann sie besonders hartnäckig gewesen waren. Und siehe da – die Mannschaft verbesserte sich!

So ähnlich ist es auch in einer Partnerschaft. Ihn zu loben, ist eines der wirklich erfolgreichen Rezepte, wenn es Ihnen darum geht, das Verhalten Ihres Partners zu verändern. Wer seinen Partner viel und gerne lobt, der macht eine erstaunliche Erfahrung: Der andere verändert sich in die gewünschte Richtung. Wer lobt, bestärkt das positive Verhalten und motiviert zu weiteren Anstrengungen. Und weil der Partner sich geliebt fühlt, ist auch die Stimmung in der Beziehung gut.

12. Rezept

Lernen Sie, Ihren Partner zu verändern

»Ach, wenn Karin doch nur mehr Sport machen würde!«, seufzt Jürgen. Karin liest abends gerne die Zeitung oder geht mit Jürgen ins Kino. Aber zu dem von ihm geliebten Walken bekommt er sie nicht. »Ich habe schon alles versucht«, sagt er resigniert. »Geholfen hat es nicht.«

Den Partner verändern – das ist doch unmöglich! Solche und ähnliche Ansichten hört man immer wieder von Experten wie von beziehungserfahrenen Freunden. Doch sie ist falsch. In Wahrheit ist es sogar völlig unmöglich, mit einem Partner, mit einer Partnerin eine langjährige Beziehung zu haben und ihn dabei nicht zu verändern.

Das gilt umgekehrt natürlich auch. Auch Sie selbst verändern sich, wenn Sie über längere Zeit glücklich mit einem anderen zusammen sind. Beide Partner verändern sich also im Laufe einer Beziehung. Und es kommt noch besser: Beide Partner verändern sich, wenn die Beziehung gut ist, im Laufe der Zeit zum Positiven!

Liebe lässt reifen

Die Liebe macht einen Menschen reifer – diese Ansicht wird von der Forschung eindrücklich belegt, aber auch die allgemeine

Lebenserfahrung legt das nahe. Wer sich auf eine längere Beziehung einlässt, der verändert sich in der Folge tiefgreifend. Wer eine Beziehung eingeht, der wird weltoffener, gewissenhafter und selbstbewusster. Schüchternheit und neurotische Verhaltensweisen nehmen ab. Kurz: Liebe lässt reifen. Diese positiven Veränderungen der Persönlichkeit halten an, auch nachdem eine Partnerschaft zu Ende ist. Die Liebe kann also vergehen, die durch eine Partnerschaft erreichte persönliche Reife aber bleibt erhalten.

Liebe lässt reifen. Dieses Motto gilt nicht nur für die gesamte Persönlichkeit. Auch einzelne Verhaltensweisen und Charakterzüge verändern sich im Laufe einer Beziehung. Diese Veränderung hat in aller Regel eine für die Partner erfreuliche Richtung: Sie werden einander ähnlicher. Es scheint so etwas wie ein Naturgesetz zu sein, dass die große Nähe in einer Beziehung dazu führt, dass wir uns beim anderen einiges abschauen. *Der Mensch wird am Du zum Ich,* hat der Philosoph Martin Buber einmal gesagt. In einer längeren Partnerschaft verändern wir uns gleichsam automatisch. Wenn einer der Partner regelmäßig Sport treibt oder zum Tanzen geht, dann ist die Wahrscheinlichkeit groß, dass es der andere irgendwann leid ist, nur im Sessel zu sitzen und über seine zunehmenden Pfunde zu jammern. Und wenn einer der Partner ordentlicher ist, dann schaut sich der Unordentliche in der Regel mit der Zeit etwas beim anderen ab.

Der wichtigste Mechanismus, der hier am Werk ist, ist die Vorbildwirkung des Partners. Wir Menschen lernen am Vorbild, ähnlich wie Kinder am Beispiel der Eltern lernen – und nicht aufgrund der Erziehung, wie viele Eltern meinen.

Dem anderen ein Vorbild sein – das klingt viel leichter, als es in der Realität ist. Denn es setzt voraus, dass wir uns durch den Partner nicht von unserem eigenen Weg abbringen lassen, sondern beharrlich unsere Interessen und unsere Ziele im Auge behalten. Wenn er also gerne Segeln geht und seine Partnerin nicht, dann muss er das eben auch ohne sie machen. Vielleicht hat ja ein Freund Freude daran, ihn bei seinen Ausflügen zu begleiten. Und auch sein Walken sollte nicht ausfallen, nur weil sie daran keinen Spaß findet.

Wer in dieser Form beharrlich ist, der hat zwar keine Garantie, dass er den anderen am Ende rumkriegt, aber er hat die besten Voraussetzungen dafür.

Veränderungen blockieren

Sie können also beinahe nicht verhindern, dass Ihr Partner oder Ihre Partnerin sich mit zunehmender Dauer der Beziehung immer mehr bei Ihnen abschaut und Ihnen ähnlicher wird. Doch es gibt einige Möglichkeiten, diesen Prozess zu blockieren.

Die erste Blockade heißt Druck. *Du musst dich verändern!* Dieser Anspruch bewirkt in der Regel das Gegenteil: Der Partner verhärtet sich. Auch Kinder blockieren, wenn sie sich unter Druck gesetzt fühlen. Der Grund: Sie fühlen sich nicht geliebt. Dem Partner zuliebe ist mancher bereit, das ein oder andere zu ändern. Aber unter Druck setzt er sich zur Wehr. Wir wollen geliebt werden – nicht verändert.

Die zweite Blockade heißt *Ich mache es besser – sieh das doch endlich ein.* Auch dieser Anspruch stößt beinahe immer auf erbitterten Widerstand beim Partner.

Die dritte Blockade, um Veränderungen zu verhindern, heißt: sofort. *Du musst sofort anders sein.* Dieser Anspruch ist nicht zu erfüllen, da Menschen immer Zeit brauchen, um sich zu verändern.

Wenn Sie diese drei Varianten zur Blockade von Veränderungen kennen, dann können Sie sich vorstellen, wie es zu der Annahme kommt, dass es nicht möglich ist, einen Partner zu verändern. *Du musst dich verändern. Und zwar sofort. Weil meine Art, die Dinge zu sehen, deiner überlegen ist.* Mit dieser Vorgehensweise ist das Ziel, den anderen zu verändern, tatsächlich nicht zu erreichen. Das liegt schon allein an der inneren Haltung, mit der Sie bei dieser Methode Ihrem Partner, Ihrer Partnerin begegnen. *Du musst dich verändern!* – hinter diesem Satz steht keine liebende Haltung, sondern das Gefühl, einen Anspruch auf Veränderungen zu haben. Und die Gewissheit, im Recht zu sein.

Das Gegenrezept zu diesem hilflosen Versuch, den anderen in die gewünschte Form zu bringen, liegt damit auf der Hand. *Ich würde mich freuen, wenn du etwas ändern würdest. Weil ich mit deiner Art nicht gut zurechtkomme. Dafür hast du Zeit – Hauptsache, ich sehe, dass sich etwas tut.*

Diese drei Sätze sind der Schlüssel zum Erfolg. Der erste kündigt höflich, aber unmissverständlich an, welche Veränderungen Sie sich vom anderen wünschen. Der zweite enthält die Begründung – ohne jede Schuldzuweisung. Der dritte macht deutlich, dass Sie bereit sind, Ihrem Partner Zeit für Veränderungen zu geben. Damit reduzieren Sie den Druck, der auf ihm lastet.

Um das bitten, was Sie wollen

Ich würde mich freuen, wenn du etwas ändern würdest. Dieser Satz ist der Kern einer jeden Bitte. Die Bitte ist die beste Form, beim Partner einen Veränderungswunsch anzumelden. Um etwas zu bitten, hat eine ganze Reihe von Vorteilen. Zum einen teilen Sie Ihrem Partner Ihre Wünsche mit. Das allein ist schon wichtig. In vielen Partnerschaften unterlassen die Partner dieses aktive Anmelden von Bedürfnissen. Der andere sollte aber wissen, was wir uns von ihm wünschen. Wie soll es sonst zu einer Veränderung kommen?

!

Tipp: Bitten Sie konkret

Bitten Sie konkret und detailliert. *Entlaste mich bitte im Haushalt,* reicht als Bitte nicht aus. Was stellen Sie sich genau unter einer Entlastung vor? Sagen Sie Ihrem Partner genau, was für Sie eine Hilfe wäre.

!

Tipp: Benutzen Sie höfliche Formulierungen

Wählen Sie beim Bitten höfliche Formulierungen wie: *Wärest du bereit …? Könntest du dir vorstellen …? Wie fändest du es …?* Die Frageform ist für die Bitte besonders geeignet: *Könntest du dir vorstellen, dass du es an zwei Tagen in der Woche übernimmst, die Hausaufgaben der Kinder anzuschauen?* Eine solche Frage hat mehr Aussichten auf Erfolg als eine ungehaltene Beschwerde.

!

Tipp: Wählen Sie einen günstigen Augenblick

Bitten führt zu keinem guten Ergebnis, wenn Ihr Partner gerade sehr angespannt oder wenn die Stimmung zwischen Ihnen gerade schlecht ist. In solchen Situationen brauchen Sie beide eine Stimmungsaufbesserung und deshalb ist Rezept Nr. 1 *Sorgen Sie für gute Stimmung* (siehe Seite 21) die bessere Wahl.

Wählen Sie also einen günstigen Moment für Ihre Bitte. Sie sollten beide entspannt sein. Doch auch wenn Sie selbst so unter Druck sind, dass Sie dringend Unterstützung durch Ihren Partner benötigen, sollten Sie um Hilfe bitten.

Tipp: Rechnen Sie auch mal mit einem Nein

Wenn Sie um etwas bitten, sollten Sie auch mit einem Nein gut leben können. Ansonsten kann sich eine Bitte schnell wie ein Befehl anhören. Es ist nicht selbstverständlich, dass der andere Ja sagt. Entscheidend ist Ihre innere Haltung: Sind Sie davon überzeugt, Anspruch auf die Veränderung zu haben, sind Probleme vorprogrammiert.

Ihr Partner soll vielmehr wirklich die Wahl haben. Hat er die Wahl, Ja oder Nein zu sagen, dann ist er, so paradox das auch klingen mag, eher zu einem *Ja* bereit.

Tipp: Mir zuliebe

Sie wollen, dass der andere Ihnen zuliebe etwas verändert. Das dürfen Sie auch genau so ausdrücken: Bitte, mir zuliebe.

Ihnen zuliebe ist Ihr Partner zu manchem bereit. Vielleicht bekommen Sie ihn sogar zu einem Tanzkurs oder in einen Sportclub oder zum Walken – gut möglich. Aber wer darauf besteht, im Recht zu sein, und dem anderen erklärt, dass er dringend mehr Bewegung braucht, der erreicht sein Ziel nicht.

Der Partner fühlt sich kritisiert – und reagiert mit Widerstand. Rechtfertigen aber auch Sie sich nicht für Ihren Wunsch. Sie haben alles Recht dieser Welt, sich zu wünschen, was Sie wollen.

Lassen Sie die Zeit für sich arbeiten

Wir leben in einer schnelllebigen Zeit. Alles gilt heute als machbar. Wer solche, für den Beruf möglicherweise passenden Einstellungen auf die Liebe überträgt, kann schnell scheitern. In der Liebe ist manches nicht machbar – und wenn, dann schon gar nicht schnell.

Veränderungen brauchen Zeit. Ein Mensch ändert sich nicht von jetzt auf gleich. Viel ist gewonnen, wenn beide Partner locker lassen und sich sagen: Der andere darf so sein, wie er ist. Diese Grundhaltung ist sehr wichtig, denn mit Druck erreichen Sie keine Veränderung, sondern erzeugen nur Gegendruck. Nehmen Sie Ihren Partner, wie er ist. Und dann lassen Sie die Zeit für sich arbeiten.

Schnelle Veränderungen sind in der Liebe nicht unbedingt von Vorteil. Was passiert denn, wenn der andere sich prompt so ändert, wie wir es uns wünschen? Er ist bemüht, sich unseren Vorstellungen anzupassen – und verliert sich dabei selbst. Eines Tages spürt er das und sucht sich eine neue Liebe – in der er mehr er selbst sein kann.

Für Veränderungen hast du Zeit – Hauptsache, ich sehe, dass sich etwas tut. Diese Devise ist in der Partnerschaft Gold wert. Ein Mensch ist nicht von jetzt auf gleich zu verändern. Auch wenn er es selbst unbedingt will, gelingt ihm das nur mit der Zeit. Veränderungen brauchen Geduld. Lassen Sie also die

Zeit für sich arbeiten. Und solange sich nichts ändert, hilft nur, mit Humor zu akzeptieren, dass der andere tatsächlich anders ist als wir selbst.

13. Rezept
Lassen Sie sich beeinflussen

»Ach wäre Eva doch nur nicht so unordentlich!« Frank ist empört. »Im Flur lag heute, als ich nachhause kam, wieder ihre Handtasche auf dem Boden, und ihren Mantel fand ich in der Küche.«

Ein häufiger Grund für Partnerschaftsstreit ist die sogenannte Komplementärwahl oder auch Ergänzungswahl. Eva und Frank sind ein Beispiel hierfür. Frank ist ein planender und sehr ordentlicher Mann. Eva hingegen ist eine spontane Frau mit einer Neigung zum Chaos. »Zum kreativen Chaos«, sagt Eva und lacht. Solche Paare kennt fast jeder aus dem Bekanntenkreis. Möglicherweise sind Ihnen solche Gegensätze aber auch aus ihrer eigenen Beziehung nicht fremd. *Gegensätze ziehen sich an*, sagt der Volksmund dazu. Ist doch eine gute Kombination, könnte man meinen: Frank kann ein wenig Spontaneität wirklich gut gebrauchen. Und Eva kann ein bisschen mehr Ordnung in ihrem Leben auch ganz gut vertragen.

Doch was passiert wirklich im Beziehungsalltag der beiden? Frank ärgert sich über Evas Unordnung und wirft ihr vor, dass sie nichts auf die Reihe bekommt. Eva beschimpft Frank als zwanghaft und einengend. Interessanterweise werden genau die Eigenschaften, die die beiden am jeweils anderen am Anfang so reizvoll fanden, für sie später in der Beziehung zum Problem.

Gegensätze haben oft ihren Sinn

Ihr Partner ist zu ordentlich? Ihre Partnerin will zu oft ausgehen? Oder verbringt zu viel Zeit mit Freunden? Erlauben Sie mir eine Frage: Warum haben Sie ihn sich denn gewählt, wenn er so gar nicht Ihren Vorstellungen entspricht? Es muss doch einen Grund haben, dass Sie sich gerade *diesen* Menschen ausgesucht haben.

Alles spricht für die Wahl eines ähnlichen Partners, mit ähnlichen Ansichten und einer ähnlichen Gangart im Leben. Warum aber wählen dennoch so viele Menschen gegensätzlich? Wissen sie es einfach nicht besser? Vertrauen sie nur blind dem Mythos, dass die Liebe alleine alle Hindernisse überwinden wird? Auch – aber nicht nur. Es gibt einen ganz rationalen Grund für dieses gegensätzliche Wahlverhalten: Es ist das Bedürfnis, das eigene Ich zu ergänzen, es zu komplettieren. Er oder sie soll Eigenschaften mitbringen, die uns selbst fehlen, die wir an uns vermissen. Deshalb ziehen Gegensätze sich tatsächlich an.

Betrachten Sie Ihren Partner als Ergänzung

Zu einer wirklichen Ergänzung wird der Partner nur, wenn wir den gegensätzlichen Eigenschaften des anderen zumindest wohlwollend gegenüberstehen. Besser noch: Wenn wir uns den anderen zum Vorbild nehmen. Eignen Sie sich also diejenigen Eigenschaften selbst an, die Sie zu Beginn Ihrer Beziehung an Ihrem Partner, an Ihrer Partnerin besonders stark bewundert haben. Dann werden Gegensätze zwischen Ihnen beiden nicht zum Gegenstand von Beziehungsstreit. Sie werden zu dem, was sie eigentlich sein sollen – zu einer Bereicherung.

Übung: Der Partner als Vorbild

Nehmen Sie sich für diese Übung wieder Ihre Liste der Stärken Ihres Partners vor, die Sie in Rezept Nr. 11 (siehe Seite 127) angefertigt haben. Schauen Sie sich diese Liste noch einmal an. Lassen Sie sich von den folgenden drei Fragen leiten: Welche Stärken könnten für Sie ein Vorbild sein? Welche Stärken tragen viel zu Ihrem gemeinsamen Glück bei? Welche Eigenschaften Ihres Partners oder Ihrer Partnerin ermöglichen Ihr eigenes seelisches Wachstum?

Wie verschieden sind Sie wirklich?

Oft scheint es uns nur so, als wenn der andere so ganz anders wäre als wir selbst. Das liegt daran, dass wir die Gemeinsamkeiten allzu schnell aus dem Blick verlieren und uns auf die Unterschiede konzentrieren. Machen Sie es doch versuchsweise genau umgekehrt: Konzentrieren Sie sich auf die Übereinstimmungen zwischen Ihnen und Ihrem Partner oder Ihrer Partnerin. Machen Sie den Selbsttest: In welchen Lebensbereichen gibt es Ähnlichkeiten zwischen Ihnen und Ihrer Partnerin oder Ihrem Partner?

Haben Sie ein ähnliches Bildungsniveau? Glückliche Paare haben ein ähnliches Bildungsniveau. Abweichungen von dieser Regel sind sehr selten. Das Bildungsniveau eines Menschen hat allerdings nicht viel mit formalen Bildungsabschlüssen zu tun. Es gibt Akademiker, die in ihrem Leben noch nie einen Roman in die Hand genommen haben und Kunstausstellungen nicht einmal vom Hörensagen kennen.

Haben Sie ähnliche Lebenseinstellungen? Wie wichtig sind Ihnen Freundschaften? Wie stehen Sie zu gleichgeschlechtlichen Ehen? Welche Bedeutung hat Geld für Ihr Leben? Sind Sie religiös? In wissenschaftlichen Studien wurden Paare nach Übereinstimmungen in solchen Einstellungen untersucht. Das Ergebnis: Die Ansichten der Partner erwiesen sich als sehr ähnlich. Offenbar haben sich gezielt Gleichgesinnte gesucht und gefunden.

Doch jetzt kommt das Überraschende: Ähnliche Überzeugungen führen nicht automatisch zu einer hohen Zufriedenheit mit der Beziehung. Auch unglückliche Paare haben oft erstaunlich ähnliche Überzeugungen. Und Paare mit unterschiedlichen Auffassungen sind ebenso glücklich, wie Paare, die ähnliche Ansichten haben.

Haben Sie ein ähnliches Alter? Gerne berichten die Medien von älteren Männern, die jüngere Frauen lieben. Doch was sagt die Wissenschaft dazu? Die Antwort ist eindeutig: Glückliche Paare sind sich in Bezug auf das Alter näher als Paare, die sich trennen.

Ist Ihnen Kleidung ähnlich wichtig? Ist Ihnen und Ihrem Partner Kleidung ähnlich wichtig? Bevorzugen Sie einen ähnlichen Kleidungsstil? Es mag Sie überraschen, aber das trägt *nicht* zur Stabilität Ihrer Beziehung bei. Das Gegenteil ist der Fall: Paare, die gleich viel Wert auf Kleidung legen, sind nach einigen Jahren mit einer höheren Wahrscheinlichkeit getrennt als Paare, die in diesem Punkt nicht übereinstimmen.

Warum ist das so? Wer sich bei der Partnerwahl von Äußerlichkeiten wie Kleidung leiten lässt, der achtet weniger auf innere Übereinstimmungen mit dem anderen. Manchen Menschen gelingt es nur sehr schwer, die sogenannten inneren Werte eines anderen zu erkennen. Sie orientieren sich dann am Äußeren des anderen, zum Beispiel an der Kleidung – und scheitern.

Haben Sie einen ähnlichen Charakter? Sind Sie und Ihr Partner sich in wichtigen Eigenschaften ähnlich? Das ist die wichtigste Frage, die über Stabilität und Zufriedenheit in einer Partnerschaft entscheidet.

Leider ist der Charakter des anderen nicht mit bloßem Auge zu erkennen. Um ihn zu erfassen, brauchen wir Menschenkenntnis. Und wir müssen schon beim Kennenlernen auf die rosarote Brille verzichten. Wir müssen bereit sein, den anderen realistisch zu sehen.

Bei glücklichen Paaren finden sich mehr Übereinstimmungen in Bezug auf die Persönlichkeit als bei unglücklichen. Wenn die Persönlichkeiten von Partnern sehr unterschiedlich sind, dann leidet die Zufriedenheit des Paares darunter. Die von Frauen mehr, die von Männern weniger.

Haben Sie eine ähnliche psychische Stabilität? Machen wir uns nichts vor: Wir alle haben unsere Verschrobenheiten, Absonderlichkeiten und Neurosen – aber ein brüchiges Selbstwertgefühl und eine daraus resultierende geringe psychische Stabilität sind eine große Belastung für eine Beziehung.

Mögliche Hinweise auf eine mangelnde psychische Stabilität sind Wutausbrüche bei nichtigen Anlässen, ein hoher Alkohol- oder Drogenkonsum und eine Neigung zu Gewalt, auch wenn sie sich »nur« gegen Sachen richtet. All diesen Verhaltensweisen liegt eine mangelnde psychische Stabilität zugrunde. Sie führen deshalb eher zu einer Trennung. Das liegt auch daran, dass eine geringe psychische Stabilität eine Beziehung unmöglich bereichern kann. Die goldene Regel *Lassen Sie sich beeinflussen* gilt hier also nicht.

Sind Sie ähnlich tüchtig? Ebenfalls in den Bereich des Charakters gehört die Frage nach der Tüchtigkeit eines Menschen. Ein Partner arbeitet gerne und viel, der andere drückt sich vor jeder Anstrengung – eine solche Kombination belastet eine Beziehung sehr.

Partner sollten ähnlich tüchtig sein, dann sind sie miteinander zufriedener. Manche Menschen lieben die Herausforderungen des Lebens und stellen sich ihnen. Andere ziehen ein beschauliches Abwarten hinter dem warmen Ofen vor. Glückliche Paare sind sich in Bezug auf ihre Tüchtigkeit ähnlicher als Paare, die sich trennen.

Ziehen Sie ein Fazit. Möglicherweise haben Sie eine große Zahl von Übereinstimmungen mit Ihrem Partner festgestellt. Vielleicht aber auch den ein oder anderen gravierenden Unterschied. Doch komplementäre Eigenschaften müssen nicht notgedrungen auch zu Trennungen führen. Entscheidend ist, ob man einen konstruktiven Weg findet, mit den Unterschieden umzugehen. Im günstigsten Fall begreift man die komplementären Eigenschaften des anderen als Bereicherung für beide Partner, sucht nach Kompromissen und vermeidet Diskussionen über Themen, bei denen man unterschiedliche Ansichten vertritt.

Sich beeinflussen zu lassen, ist die große Chance einer Partnerschaft

Partnerschaften, die auf dem Prinzip der Ergänzungswahl basieren, dienen oft dazu, unterentwickelte Fähigkeiten nicht ausbauen zu müssen. Wenn *sie* alle privaten Verabredungen organisiert, die Geburtstagstermine von Freunden und Verwandten im Kopf hat und die fälligen Weihnachtskarten schreibt – wozu muss er sich dann noch um einen Freundeskreis bemühen? So kann die Ergänzungswahl rasch die persönliche Entwicklung lähmen.

Häufig ist die Ergänzungswahl geprägt von klassischen geschlechterspezifischen Rollenerwartungen. So suchen viele Männer bei Frauen die Emotionalität, die sie bei sich nicht zulassen. Oder sie wollen eine Partnerin, die sich um die Freizeitplanung kümmert. Während Frank zum Beispiel lange grübeln muss, was sich in der Freizeit unternehmen ließe, hat Eva stets eine Fülle von Vorschlägen parat.

Viele Frauen wiederum schätzen die männliche Tatkraft, Zielstrebigkeit und Rationalität beim Bewältigen der Konflikte und Härten des Lebens. Und wenn eine Frau vor Entscheidungen eher zurückschreckt, wählt sie womöglich einen entschlussfreudigen Partner.

Gegensätze haben einen Sinn: Wir sollen uns und unsere Fähigkeiten entwickeln. Wir sollen uns den anderen als Vorbild nehmen, und wir sollen uns vom anderen beeinflussen lassen.

»Zum Vorbild nehmen!« Frank muss lachen. »Soll das heißen, dass ich ab sofort meine Aktentasche in den Flur werfen muss und mein Jackett auf den Küchenherd?« Nein, das sicherlich nicht. Aber viel wäre geholfen, wenn Frank deutlich erkennt, warum Eva eine prima Ergänzung zu ihm ist, und sich an ihrer Spontaneität und Lebendigkeit ein Vorbild nimmt. Dann versteht Eva sicherlich auch, dass Frank eine tolle Bereicherung für sie ist, und schaut sich gleichfalls das ein oder andere bei ihm ab. Da leuchten Franks Augen: »Vielleicht ein bisschen mehr Ordnung?«

14. Rezept

Nehmen Sie die Dinge selbst in die Hand – lösen Sie seine Probleme

Es war ein wunderschöner Herbsttag. Die Blätter an den Bäumen leuchteten goldgelb. Die Kinder sammelten im Park eifrig Kastanien. Als Eva mit den Brötchen nachhause kam, war es seltsam still in der Wohnung. Frank saß in der Küche und starrte aus dem Fenster. Auf dem Herd kochten immer noch die Frühstückseier, der Tisch war nicht gedeckt, der Kaffee nicht gemacht. Frank hatte die Zeitung noch in der Hand und starrte mit ausdruckslosem Gesicht in den Garten. »Die Firma ist verkauft worden«, sagte er mit belegter Stimme. Vier Wochen später schon wurde Frank entlassen, und für Eva und Frank begann eine schwierige Zeit, weit schwieriger, als Eva es sich je hätte vorstellen können.

Die Probleme Ihres Partners sind immer auch Ihre Probleme

Viele Paare gehen auseinander, weil ihre Beziehung im Laufe der Zeit kontinuierlich schlechter geworden ist. Sie reden seltener miteinander, interessieren sich immer weniger für das, was der andere tut und was er denkt. Oft aber zerfallen Partnerschaften nach ganz konkreten Ereignissen. Es sind Ereignisse, die einen der Partner nachhaltig unter Stress setzen und die dadurch die Qualität der Paarbeziehung beeinträchtigen:

- Ein Kind wird geboren und erfordert viel Zeit und Aufmerksamkeit. Schon bald fühlt sich der Partner vernachlässigt.
- Ein Elternteil stirbt, und die Partnerin versinkt in depressiven Gefühlen.
- Der Partner verliert seinen Arbeitsplatz und damit auch seinen Mut und seine Hoffnung.

All dies sind – mit dem Wortschatz der Psychologie gesprochen – kritische Lebensereignisse. Kritische Lebensereignisse lassen sich in zwei Kategorien unterteilen. Manche ergeben sich durch den natürlichen Lebensverlauf des Menschen: Ein Kind wird geboren. Ein Paar zieht in eine andere Stadt. Kinder gehen aus dem Haus. Ein Partner geht in Rente. Andere kommen unerwartet und plötzlich: Ein naher Mensch stirbt. Eine schwere Krankheit oder ein Unfall wirft unsere Lebensplanung über den Haufen. Ein Partner verliert die Arbeit. Doch nicht nur diese kritischen Lebensereignisse haben die Kraft, eine Beziehung aus der Bahn zu werfen. Auch geringere Schwierigkeiten können einer Partnerschaft arg zusetzen. Da ist der Gedanke an die wirtschaftlichen Probleme in der Firma, die Ihre Partnerin unter Anspannung hält, da ist der Streit mit einem Freund, der Ihren Partner beschäftigt, Mobbing am Arbeitsplatz, finanzielle Schwierigkeiten oder Sorgen wegen der Kinder – die ganz normalen Lebensprobleme also.

Die Probleme Ihres Partners können Ihre Beziehung zerstören

Sowohl ganz normale Lebensprobleme als auch kritische Lebensereignisse können eine Beziehung unter gewaltigen Stress setzen. Dieser Stress kann eine Partnerschaft im schlimmsten Fall zerstören. Wo eben noch Harmonie und gegenseitiges Wohlwollen herrschte, können plötzlich nie endender Streit und schlechte Stimmung an der Tagesordnung sein. Denn ein großer Teil der Paarprobleme entsteht allein deshalb, weil einer von beiden Schwierigkeiten in seinem Leben hat.

Eine Partnerschaft kann zwischen den Mahlsteinen solcher Probleme regelrecht zerrieben werden. Lassen Sie nicht zu, dass Probleme Ihres Partners Ihre Beziehung zerstören! Nehmen Sie die Dinge selbst in die Hand und lösen Sie seine Probleme. Die Probleme Ihres Partners sind immer auch Ihre Probleme!

Das hat auch Eva so erlebt. Frank, der sonst immer so umgänglich gewesen war, wurde von einem auf den anderen Tag grantig, manchmal regelrecht unausstehlich. Die Kündigung, der Gang zum Arbeitsamt – all das zerrte gewaltig an seinen Nerven. Immer öfter stritten Eva und Frank ganz unvermittelt. Oft ging es nur um Kleinigkeiten. Um ein Essen, das Frank nicht schmeckte. Um eine Bluse, die sie sich gekauft hatte und die ihm nicht gefiel. Schon bald war Eva klar: Wenn sich nichts ändert, dann besteht die Gefahr, dass ihre Partnerschaft in einem Strudel von schlechter Laune und Streit untergeht. Seine schlechte Laune, ihre Gereiztheit, seine Niedergeschlagenheit – das macht aus den Problemen des anderen im Handumdrehen ihre Probleme.

Nehmen Sie also die Dinge selbst in die Hand und lösen Sie seine Probleme. Aber tappen Sie dabei nicht in die zahlreichen Fallen, die Ihnen das Lösen seiner Probleme schwer oder gar unmöglich machen.

Falle Nr. 1: Die Probleme des Partners kann man nicht lösen! So hört man es immer wieder. Doch das ist falsch. Was soll Eva denn tun? Die Hände einfach in den Schoß legen und warten, dass Frank eine Lösung findet? Wenn Sie wollen, dass

Ihre Liebe Bestand hat, dann müssen Sie die Probleme Ihres Partners oder Ihrer Partnerin sogar lösen. Nicht *für* ihn, aber *mit* ihm.

Denn lösen im eigentlichen Sinne können Sie die Schwierigkeiten Ihres Partners selbstverständlich nicht, das kann wirklich nur er selbst. Nur Frank selbst kann anfangen, neue Pläne für seine berufliche Zukunft zu machen. Nur Frank selbst kann wieder den Mut finden, darauf zu vertrauen, dass er eine neue Arbeit finden wird. Aber mit der richtigen Unterstützung durch Eva gelingt ihm das alles viel leichter.

Falle Nr. 2: Das ist doch ganz einfach! Dies ist eine häufige Reaktion auf Probleme des Partners oder der Partnerin. Und es ist eine sehr gefährliche. Denn diese Reaktion enthält eine indirekte Kritik: *Du stellst dich vielleicht an!* Kritik aber verschärft alle Schwierigkeiten, die Sie bereits miteinander haben. Ihr Partner oder Ihre Partnerin braucht Rückhalt und Unterstützung. Kritik, in welcher Form auch immer, macht seine oder ihre Lage noch schwieriger. Wenn es für Ihren Partner einfach wäre, dann hätte er das Problem schon lange gelöst.

Falle Nr. 3: Warum machst du es nicht so wie ich? Auch diese Herangehensweise an die Probleme des anderen ist im Kern eine Kritik. Auch diese Reaktion auf den Partner vergrößert deshalb Ihre Schwierigkeiten miteinander und macht eine Lösung weniger wahrscheinlich. Ihr Partner ist nicht so wie Sie! Er muss seinen eigenen Weg finden. Und Sie sollten ihn dabei unterstützen.

Falle Nr. 4: Wir haben ein Problem miteinander! Partnerschaftliche Krisen werden oft durch Ereignisse in der Außenwelt hervorgerufen. Allzu oft geraten Partner nämlich nur deshalb aneinander, weil einer der beiden mit seinem sonstigen Leben nicht glücklich ist. Diese unzufriedene Lebenshaltung zieht schnell Kritik am Partner nach sich. Leider ist das den allermeisten Paaren nicht klar. Sie streiten und streiten – über den Abwasch oder was auch immer.

Lassen Sie nicht zu, dass Probleme, die von außen auf Ihre Partnerschaft einstürmen, zu Beziehungsproblemen werden. Kümmern Sie sich um die Lösung der Probleme – wenn sie denn lösbar sind. Beziehungsstreit hilft Ihnen nicht weiter – ruhige Gespräche über eine Lösung des eigentlichen Problems dagegen schon.

Falle Nr. 5: Sich zum Sündenbock machen lassen. Das ist die gefährlichste Falle. Denn sie hat einen besonders großen Einfluss auf den Bestand einer Partnerschaft. Das ist das Ergebnis einer beeindruckenden Studie über *Gute Ehen*, die die amerikanische Ehetherapeutin und Psychologin Judith S. Wallerstein Anfang der neunziger Jahre durchgeführt hat. Üblicherweise beschäftigen sich Paartherapeuten gerne und viel mit unglücklichen Beziehungen und versuchen, hieraus Lehren für eine gute Partnerschaft abzuleiten. Judith S. Wallerstein aber ist einen ganz anderen Weg gegangen: Sie hat in vielen langen Interviews Paare befragt, die seit mehr als neun Jahren zusammen waren und die allesamt angaben, glücklich miteinander zu sein. Drei Jahre später hat sie erneut mit ihnen gesprochen. Kein Paar hatte sich in der Zwischenzeit getrennt.

Die meisten dieser Paare hatten im Verlauf ihres Zusammenseins zumindest eine schwere Krise erlebt. Sie alle aber hatten diese schwierige Zeit gemeinsam überstanden. Wie hatten sie das geschafft? Die Antwort: Sie waren nicht der Versuchung erlegen, den Partner zum Sündenbock zu machen.

Auch in langjährigen Partnerschaften findet sich ein hohes

Maß an Angst vor den Problemen, die ein schwieriges Lebensereignis wie zum Beispiel Arbeitslosigkeit mit sich bringt. Diese Ängste werden aber nicht am Partner ausgelassen. Der Partner wird nicht zum Sündenbock gemacht. Stattdessen versucht das Paar, die neue Belastung gemeinsam zu bewältigen.

Sind Männer geborene Problemlöser?

Stereotypen können uns den Blick für die Wirklichkeit trüben. Ein klassisches Stereotyp lautet, dass Männer geborene Problemlöser sind. Männer sind, wenn Sie der gern gelesenen amerikanischen Ratgeberliteratur Glauben schenken, der Inbegriff von Rationalität, Frauen dagegen suchen bei Lebensschwierigkeiten aller Art vor allem emotionalen Rückhalt.

Diese Bücher sind oft amüsant zu lesen, mit der Realität stimmen sie allerdings nicht überein. Wenn es darum geht, in der Küche ein Regal anzubringen oder einen platten Reifen am Auto zu wechseln, dann ist Frank allerdings der geborene Problemlöser: Im Handumdrehen ist die Sache erledigt.

Seine Reaktion auf die Arbeitslosigkeit ist aber alles andere als rational. Problemlösend ist sie schon gar nicht. Das Gegenteil ist der Fall: Durch seine schlechte Stimmung beraubt er sich in einer ohnehin schwierigen Situation seines wichtigsten Rückhalts, den durch Eva, und vervielfacht hierdurch seine Schwierigkeiten.

Mit diesem Verhalten ist Frank nicht allein. Der Mann wird arbeitslos, bald darauf kriselt auch seine Partnerschaft – dieser Ablauf ist ein nahezu klassisches Szenario, das zum Ende einer Beziehung führen kann.

Warum ist das so? Warum sind Männer – und viele Frauen

im Übrigen auch – in ihren Reaktionen auf eine Lebenskrise oft so irrational? Die Antwort lautet: Sie haben Angst. Wenn die Angst die Oberhand gewinnt, ist es um die Rationalität eines Menschen schnell geschehen. Judith S. Wallerstein bringt es in ihrem Buch *Gute Ehen* ganz lapidar auf den Punkt: Angst macht alle Menschen schwierig.

Arbeitslosigkeit und Beziehungsprobleme gehen oft Hand in Hand. Eine Arbeit zu verlieren, das bedeutet, mit weniger Geld auszukommen. Doch das ist nicht das Hauptproblem. Keine Arbeit zu haben, ist für die allermeisten Menschen mit einer tiefen Verunsicherung verbunden. Die hat zwei Wurzeln: Erstens ist die Arbeit ein wichtiger Faktor für das eigene Selbstbild, zweitens löst Arbeitslosigkeit bei vielen Menschen Gefühle der Verunsicherung und des Pessimismus aus. Werde ich je wieder eine Arbeit bekommen?

Männer reagieren auf Arbeitslosigkeit in der Regel mit mehr Angst als Frauen. Das Selbstwertgefühl von Frauen ist oft nicht im gleichen Maße von einem Verlust der Arbeit bedroht, wie das von Männern. Diese unterschiedlich starken Ängste von Männern und Frauen bei einem Verlust der Arbeit sind das Ergebnis kultureller Prägung. Einem Beruf nachzugehen, das ist schon sehr lange ein fester Bestandteil des männlichen Selbstverständnisses. In dem Maße, wie auch Frauen den Beruf als einen festen Teil ihres Selbstbildes ansehen, werden auch sie zunehmend verunsichert auf den Verlust des Arbeitsplatzes reagieren.

Vier Schritte, um Probleme mit dem Partner zu lösen

Das wichtigste Mittel, das Sie haben, um Probleme Ihres Partners zu lösen, ist das Gespräch. Er muss wieder Mut fassen. Er muss zu Lösungen kommen. Aber wie Sie beide miteinander reden, ob Sie sich einander zu- oder voneinander abwenden, davon hängt bei einer Krise die Zukunft Ihrer Beziehung ab. Sie hängt davon ab, wie es Ihnen beiden gelingt, auch angesichts schwieriger Probleme füreinander da zu sein. Ich will Ihnen im Folgenden vier Schritte vorstellen, mit deren Hilfe Ihnen das gemeinsame Lösen seiner Probleme leichter fallen wird.

Erster Schritt: Denken Sie realistisch. Wenn Ihr Partner mit einem kritischen Lebensereignis konfrontiert ist, dann reagiert er darauf in aller Regel mit Angst. Diese Angst trübt seinen Blick. Ihre wichtigste Aufgabe als Partner oder Partnerin ist es, den Blick des anderen auf *die Realitäten* zu lenken.

Versuchen Sie, sachliche Informationen über die Auswirkungen der Krise zu bekommen. Das ist vor allem bei Krankheiten sehr wichtig. Überlassen Sie diese Suche nach Informationen nicht alleine Ihrem Partner. Lassen Sie sich beraten, wenn er selbst noch nichts tut.

Suchen Sie das Gespräch. Reden Sie offen über folgende Fragen: Welche Auswirkungen hat die Krise? Was sind die wahrscheinlichen Konsequenzen? Ermuntern Sie Ihren Partner, sich zu informieren.

Die Ängste, die in einer Lebenskrise entstehen, werden häufig nicht durch die wahrscheinlichen Folgen eines Ereignisses verursacht. Die größten Ängste entstehen, weil unsere Gedanken um den schlimmsten Fall kreisen. Halten Sie die Angst des Partners vor dem schlimmsten Fall in Schach. Treten Sie ihr deutlich entgegen.

Zweiter Schritt: Entwickeln Sie Handlungsalternativen. Welche Möglichkeiten gibt es, mit dem Problem umzugehen? Spielen Sie im Gespräch verschiedene Varianten durch. Welche anderen Arbeitgeber kommen infrage? Kann Frank sich eine Selbstständigkeit vorstellen? Erstarren Sie nicht vor den Problemen. Gehen Sie sie an. Wer aktiv ist, fühlt sich besser. Wer passiv wie das Kaninchen auf die Schlange starrt, vergrößert sein Problem noch. Er fühlt sich dann nämlich deutlich schlechter als der aktive Mensch.

Dritter Schritt: Machen Sie keine Vorwürfe. Einerlei wie nahe die Versuchung liegt, dem anderen Vorwürfe zu machen: Vorwürfe verschärfen das Problem, selbst wenn sie gerechtfertigt sind. Möglicherweise war es falsch von Frank, sich nicht sofort nach einer neuen Stelle umzusehen, als seine Firma von einem größeren Unternehmen übernommen wurde. Er hat das getan, was seiner ruhigen und eher optimistischen Art entspricht: Er hat gehofft, dass sein Arbeitsplatz erhalten bleiben würde. Aus heutiger Sicht war das wohl falsch. Zu ändern aber ist es nicht.

Vierter Schritt: Treten Sie den Selbstvorwürfen des Partners entgegen. *Hätte ich mich damals bei einem größeren Unternehmen beworben, dann wäre mir das nicht passiert.* Selbstvorwürfe untergraben das Selbstwertgefühl, und ein instabiler Partner ist kein guter Partner mehr.

Der andere hat getan, was er konnte. Schuld an der Lage sind die Umstände, nicht der Partner. Treten Sie solchen Selbstvorwürfen also entschieden entgegen. *Auch große Konzerne entlassen ihre Angestellten! Niemand kann in die Zukunft schauen – auch du nicht!*

Mithilfe dieser vier Schritte können Sie Lebenskrisen in Ihrer Partnerschaft nicht verhindern, schwere Zeiten gehören zum menschlichen Leben nun einmal dazu. Aber wenn Sie die hier vorgeschlagenen Schritte konsequent gehen, dann können Sie kritischen Lebensereignissen die Schärfe nehmen.

Eva ist das leider nicht gelungen. Viel zu spät erst hat sie erkannt, in welch schwieriger Lage sich ihre Partnerschaft befand. Wo war nur der Optimismus von Frank geblieben? Ihre Freundin Gudrun hörte ihren Klagen aufmerksamer zu als sonst. Und diesmal dauerte es lange, bis die oft so scharfzüngige Gudrun etwas sagte: »Was glaubst du eigentlich, wie lange du das noch aushältst?«

15. Rezept
Zeigen Sie die gelbe Karte

Der Tag, an dem Eva sich entschied, Frank die gelbe Karte zu zeigen, war ein regnerischer Tag im Januar. Drei Monate waren vergangen seit jenem sonnigen Herbstmorgen, an dem die Krise der beiden ihren Anfang genommen hatte. Frank hatte einige Bewerbungen geschrieben, hatte Absagen erhalten und war unleidlicher denn je. Eva kam schon seit langem nicht mehr gern nachhause. Seit neun Wochen hatten die beiden nicht mehr miteinander geschlafen, und auch das hatte die Stimmung natürlich nicht gebessert. Die ganze Zeit hatte Eva es mit Nachsicht und Verständnis versucht. Doch Gudruns Frage *Was glaubst du eigentlich, wie lange du das noch aushältst?* war Eva in den vergangenen Tagen nicht mehr aus dem Kopf gegangen. Die Antwort war ihr jetzt klar: *nicht einen einzigen Tag mehr!*

Die Verwarnung

Was die gelbe Karte ist, das könnte Ihnen Frank besser erklären als mancher andere. Immerhin hat er in seiner Laufbahn als Mittelverteidiger und als Linksaußen bei seinem Fußballverein 174 Tore geschossen und in dieser Zeit auch die ein oder andere gelbe Karte als Verwarnung für unfaires Verhalten zu sehen bekommen. Eine rote Karte, und damit den Platzverweis, hat er aber in all den Jahren nie riskiert. Darauf ist er bis heute stolz.

Umgangssprachlich bedeutet die gelbe Karte, dem anderen deutlich zu machen, dass sein Verhalten bei Ihnen eine Grenze erreicht hat, die er in keinem Fall überschreiten sollte.

Dem Partner die gelbe Karte zu zeigen bedeutet deshalb auch, dass Sie mit ihm über etwas sprechen müssen, worüber die meisten Paare nur sehr ungern sprechen: die mögliche Trennung. Eine Trennung gilt vielen Paaren als Tabu-Thema. *Erwähne niemals das Wort mit T am Anfang*, liest man sogar in Ratgeberbüchern.

Ich verstehe die Intention dieser Autoren. Sie wollen nicht, dass Paare eine Trennung als willkürliche Drohung benutzen, um den anderen unter Druck zu setzen. Trotzdem ist die Scheu vor solch einem Gespräch über eine drohende Trennung nach meiner Erfahrung fatal: Viele Paare scheuen solch ein klärendes Gespräch über eine drohende Trennung so sehr, dass es umso sicherer zu einer wirklichen Trennung kommt.

Was ist das Ziel der gelben Karte?

Die gelbe Karte ist nicht der Auftakt zur Trennung. Im Gegenteil: Das Ziel der gelben Karte ist es, eine rote Karte zu vermeiden und Fairness im Umgang miteinander wiederherzustellen. Evas Beziehung steht kurz vor dem Scheitern. Die Stimmung zwischen den beiden ist so schlecht, dass das Ende vorprogrammiert zu sein scheint, wenn sie so weitermachen.

Wenn Sie sich innerlich weiter und weiter vom anderen entfernen, wenn Ihnen die Achtung und der Respekt vor Ihrem Partner mehr und mehr abhanden kommen – dann ist es fahrlässig, dies nicht auszusprechen und den anderen glauben zu lassen, er könne immer so weitermachen, ohne Ihre Beziehung zu ruinieren!

Es gibt Verhaltensweisen, die eine Beziehung zerstören. Wenn Sie auf solche Verhaltensweisen stoßen, dann haben Sie nur eine Wahl: Benennen Sie sie. Lassen Sie nicht zu, dass Ihr Partner Ihre Beziehung durch sein übellauniges Verhalten ruiniert. Sagen Sie, dass Sie sein Geschimpfe für beziehungsgefährdend halten. Sagen Sie es, so ruhig Sie können, und sagen Sie es, so deutlich Sie können. Aber sagen Sie es.

Zeigen Sie Ihrem Partner die gelbe Karte! Die gelbe Karte signalisiert: *So geht es mit uns nicht weiter. Der Weg, auf dem wir beide uns befinden, führt in den Abgrund. Noch einen Schritt weiter, und ich stelle dich vom Platz.*

Wann ist der richtige Augenblick für eine gelbe Karte?

Diese Frage können nur Sie alleine entscheiden. Keine noch so gute Freundin, kein noch so guter Freund und auch kein professioneller Berater kann sie Ihnen beantworten. Denn das Leben ist kein Fußballspiel, das festen Regeln folgt: Ein Schiedsrichter ahndet jeden gravierenden Regelverstoß mit einer gelben Karte und spricht damit eine Verwarnung aus.

Doch solche festen Regeln gibt es in einer Partnerschaft nicht. Wo für den einen schon lange eine Schmerzgrenze überschritten ist, zuckt ein anderer vielleicht nur mit den Schultern. Wo Karin auch nach Monaten der Krise mit Langmut reagiert, wäre für Gudrun schon lange das Ende der Fahnenstange erreicht.

Für den Einsatz der gelben Karte in einer Partnerschaft gibt es also keine objektiven Regeln. Ob und wann Sie Ihrem Partner die gelbe Karte zeigen, das entscheiden ganz alleine Sie. Ob Sie diese deutliche Grenze setzen, das richtet sich alleine nach Ihrem Empfinden, nach Ihren Gefühlen und nach Ihren Grenzen.

Tipp: Verabschieden Sie die Wut

Wut ist keine Haltung, mit der Sie Ihren Partner für Ihr Anliegen gewinnen können. Ihre Wut zieht in der Regel Wut beim Partner nach sich. Trauer und Besorgnis sind dagegen angemessene Haltungen in dieser ernsten Situation. Sie sind traurig, dass Ihre Beziehung schlecht läuft und befürchten ein mögliches Ende.

In dieser Lage befindet sich Eva. Sie ist in Sorge um ihre Beziehung. Wenn sie dieser Sorge im Gespräch mit Frank Ausdruck verleiht, dann ist viel gewonnen. Ihrer Sorge kann sich Frank anschließen. Auch ihm ist möglicherweise längst klar, dass es so nicht weitergeht. Das kann die beiden im Gespräch zueinanderführen.

Tipp: Vermeiden Sie die Schuldfrage

Es geht nicht darum, wer im Recht ist oder wer Schuld hat. Es geht darum, die Situation zu ändern.

Die entscheidende Frage für Eva ist: Was könnte Frank anders machen? Ein Mensch, der Tag für Tag nichts mit sich anzufangen weiß und der nur darauf wartet, dass die Partnerin nachhause kommt, um sich dann mit ihr zu streiten, ein solcher Mensch fühlt sich in jedem Fall schlecht. Frank muss etwas ändern – aber was? Das ist die Frage, die jetzt zählt.

Tipp: Machen Sie Vorschläge

Überlegen Sie sich konkrete Vorschläge für den Partner oder die Partnerin. Was soll der Partner tun, um die Lage zu verbessern? Sagen Sie ihm, was er tun kann, damit Sie sich besser fühlen, und sagen Sie ihm, was er tun kann, damit er sich besser fühlt.

Ganz ohne Zweifel fühlt sich Frank jammervoll. Anders ist sein Verhalten nicht zu erklären. Und ganz ohne Zweifel findet er im Moment keinen Weg heraus. Für Eva gibt es keine Alternative. Keine empfehlenswerte zumindest. Sie könnte sich innerlich von Frank völlig zurückziehen. Sie könnte anfangen, Tag für Tag an ihm herumzunörgeln. Es würde ihr Erleichterung verschaffen, ihr Problem aber nicht wirklich lösen. Es würde ihr allenfalls helfen, sich in einer grottenschlechten Beziehung einzurichten.

16. Rezept

Unternehmen Sie etwas gegen schlechte Laune, Nörgeln & Co.

Nörgeln ist moralisch einwandfrei. Jeden von uns überkommt es ab und zu. Jeder von uns meckert dann und wann einfach mal los. Sie auch? Macht nichts! Ein schlechtes Gewissen sollten Sie deshalb keinesfalls haben. Wissenschaftliche Belege dafür, dass gelegentliches Nörgeln für eine Beziehung schädlich ist, gibt es nicht.

Bei häufigem Nörgeln und gewohnheitsmäßiger schlechter Laune liegt die Sache allerdings ganz anders. Häufiges Nörgeln ist ein Symptom für eine tiefgreifende Unzufriedenheit. Es ist wie eine Nachricht an Sie: *Achtung, in Ihrem Leben, in Ihrer Partnerschaft stimmt etwas nicht.*

Nehmen Sie diese Nachricht bitte ernst. Hören Sie auf sie und stellen Sie sich Ihrer Unzufriedenheit. Schlechte Laune ist wie ein Appell. Sie fordert uns auf, etwas in unserem Leben zu verändern.

Häufiges Nörgeln hat Folgen

Dauerhaftes Nörgeln hat Konsequenzen für eine Partnerschaft. Glauben Sie nicht, dass es möglich ist, unentwegt an Ihrem Partner, Ihrer Partnerin herumzunörgeln und gleichzeitig eine glückliche Beziehung zu haben. Auch der scheinbar ausgeglichenste Partner, dem keine Kritik auf die Laune schlägt, wird es Ihnen eines Tages übelnehmen und sich innerlich von Ihnen entfernen.

Das muss nicht bedeuten, dass eine Beziehung zwangsläufig scheitert – die Gefahr besteht jedoch. Denn nicht jeder Partner ist bereit, sich dauerhaftes Nörgeln anzuhören. Aber es kann auch sein, dass ein Paar zusammenbleibt und sich in einer schlechten Beziehung häuslich einrichtet.

Das hat Folgen: In schlechten Partnerschaften leiden Menschen häufiger unter Krankheiten. Forscher der Universität von Michigan kamen zu dem Ergebnis, dass eine unglückliche Partnerschaft die Gefahr zu erkranken um etwa 35 Prozent erhöht. Unglückliche Paare leiden zum Beispiel öfter an typischen Stresskrankheiten wie Bluthochdruck oder Herzerkrankungen. Darüber hinaus hat dauerhaft dicke Luft in der Partnerschaft auch Auswirkungen auf das menschliche Immunsystem. Weiße Blutkörperchen, die für die Krankheitsabwehr zuständig sind, finden sich bei unzufriedenen Paaren deutlich seltener als bei zufriedenen Paaren.

Das alles wirkt sich am Ende auch auf die Lebenserwartung eines Menschen aus. In einer unglücklichen Beziehung liegt sie im Durchschnitt um rund vier Jahre niedriger als in einer glücklichen Partnerschaft. Wenn Sie also dafür sorgen, dass Ihre Partnerschaft glücklich ist, dann haben Sie die Aussicht, vier Jahre länger zu leben.

Ich nörgele so viel – was kann ich tun?

Wer oft und viel nörgelt, ist unzufrieden. Doch womit? Die Antwort auf diese Frage fällt vielen Menschen schwer. Sie haben innere Hemmungen, eigene Wünsche und Bedürfnisse deutlich anzumelden. Wer aber die eigene Unzufriedenheit nicht ernst nimmt, der zerstört damit möglicherweise seine Beziehung. Lassen Sie es nicht dazu kommen! Versuchen Sie, mithilfe der beiden folgenden Übungen herauszufinden, was Sie unzufrieden macht. Versuchen Sie zu erkennen, was Sie ändern wollen und was Sie ändern können.

Vielen Paaren gelingt es erst nach einer Trennung, sich darüber klar zu werden, was sie in der vorherigen Partnerschaft gerne anders gemacht hätten. Sie fangen mit einem Tanzkurs an, lernen ein Musikinstrument oder erfüllen sich einen lange gehegten Urlaubswunsch. Sie lernen neue Menschen kennen, gehen wieder öfter in ein Museum oder schreiben sich als Gasthörer an der Universität ein. Schade eigentlich, dass dazu eine Trennung nötig war.

Übung Nr. 1: Single sein

Wozu warten, bis Sie wieder Single sind? Stellen Sie sich vor, dass Sie sich getrennt haben und wieder ohne Partner leben. Was würden Sie anders machen, wenn Sie Single wären? Wenn Sie ganz alleine für sich und Ihr Leben zuständig wären? Welche Dinge würden Sie ändern? Welche Pläne würden Sie schmieden?

Malen Sie sich Ihr Leben möglichst genau aus. Schwelgen Sie bei dieser Übung ausgiebig in den Vorteilen eines möglichen Single-Daseins – in allen Details. Schreiben Sie alles auf, was Ihnen einfällt.

Übung Nr. 2: Ein Zauberer kommt zu Hilfe

Versuchen Sie, mithilfe dieser Übung Ihren Wünschen nach Veränderungen auf die Spur zu kommen. Hierzu stellen Sie sich vor, über Nacht hätte ein Zauberer alle Ihre Probleme weggezaubert. Sie wachen morgens auf, und alle Schwierigkeiten sind vergessen. Wollen Sie es gleich jetzt mal versuchen? Ich zähle bis drei, und dann wachen Sie auf. Eins, zwei, drei – aufwachen! Ihre Probleme sind verschwunden!

Der spannende Teil der Übung beginnt erst jetzt: Woran merken Sie, dass tatsächlich etwas passiert ist, dass Ihre Probleme verschwunden sind? Was ist anders, als es sonst war? Versuchen Sie dann genau zu benennen, welche Probleme im Traum verschwunden sind und ob Sie diese in der Realität nicht ganz einfach lösen können. Notieren Sie, was Ihnen einfällt.

Beide Übungen können zu interessanten Ergebnissen führen. Alles, was Ihnen dabei eingefallen ist, kann Ihnen einen Hinweis geben auf Dinge, die Sie gerne ändern würden.

Vielleicht wird Ihnen auf diese Weise klar, dass Sie morgens Zeit für sich brauchen und einfach noch nicht partnerschaftsfähig sind. Oder Sie merken, dass Sie nach der Arbeit erst einmal eine Pause brauchen, bevor Sie sich Ihrem Partner und den Kindern zuwenden wollen.

Sprechen Sie mit Freunden über die Punkte, die Sie herausgefunden haben. Versuchen Sie herauszubekommen, welche Änderungen am leichtesten zu erreichen sind und welche Ihnen am wichtigsten sind. Sprechen Sie am Ende, wenn Sie wissen, was Sie wollen, auch mit Ihrem Partner.

Überlegen Sie sich konkrete Schritte, wie Sie Veränderungen erreichen wollen. Dabei ist es nicht entscheidend, dass Sie ganz schnell ganz viel erreichen. Oft lässt unsere schlechte Laune schon nach, wenn uns klar ist, was anders werden soll.

Tipp: Nörgeln Sie nicht zu viel!

Auch wenn wir wissen: Jeden von uns überkommt mal das Nörgeln – nörgeln Sie nicht zu viel. Lassen Sie es nicht dabei bewenden, wenn Sie merken, dass Sie unentwegt schlechte Laune haben. Die Dinge verändern sich nicht von sich aus zum Besseren. Stellen Sie sich Ihrer eigenen Unzufriedenheit. Tun Sie es für sich und für Ihre Partnerschaft.

Denn wenn Sie zu viel nörgeln, dann kann es sein, dass Ihr Partner oder Ihre Partnerin Ihnen eines Tages untreu wird. Nicht weil es ihr oder ihm an Sexualität fehlt, das spielt dabei meist nur eine Nebenrolle. Nein, er wird fremdgehen, weil er endlich mal wieder ein gutes Wort braucht. Weil er jemanden vermisst, der ihn bewundert und als etwas ganz Besonderes ansieht.

Mein Partner nörgelt so viel – was kann ich tun?

Sie können es zunächst einmal auf dem direkten Weg versuchen: Fragen Sie Ihren Partner doch einfach, was er hat. *Du wirkst auf mich manchmal sehr schlecht gelaunt – woran liegt das? Gibt es etwas, was dich stört?*

Eine solche direkte Frage führt in einigen Fällen zu einem guten Ergebnis. Das ist aber leider nicht die Regel. Manchmal streitet der Partner ab, schlechte Laune zu haben. Oder aber er kann selbst nicht sagen, was mit ihm los ist. Schließlich gibt es auch noch die Möglichkeit, dass er zu einer Begründung greift, die mit den wirklichen Problemen nicht viel zu tun hat.

Zunächst einmal ist es wichtig zu erkennen, dass eine anhaltende Unzufriedenheit des Partners nicht automatisch bedeutet, dass er mit Ihnen unzufrieden ist. Genauso kann es sein, das er mit seinem sonstigen Leben hadert – und Sie bekommen es ab. Es ist schlicht einfacher und bequemer, die Verantwortung für schlechte Laune beim Partner zu suchen als im eigenen Leben.

Eine häufige Begründung für die Probleme eines Paares ist das Geld. Doch wenn immer wieder Geld das Thema von Auseinandersetzungen zwischen Ihnen und Ihrem Partner ist, liegt das eigentliche Problem woanders. Eine goldene Regel für die Paarberatung lautet: Wenn ein Paar um Geld streitet, dann geht es beinahe immer in Wahrheit um Gefühle. Eine Frau, die zufrieden mit ihrer Beziehung ist, wird nur in seltenen Fällen mit ihrem Mann um Geld streiten. Eine Frau, die das Gefühl hat, er gibt zu wenig von sich, von seinen Gefühlen, an Zuwendung und Unterstützung, wird schnell versuchen, einen Streit um Geld vom Zaun zu brechen. Streit um Geld ist immer ein ernster Warnhinweis für eine Beziehung: Das Verhältnis von Geben und Nehmen wird – zumindest von einem Partner – nicht als gerecht empfunden.

Da es schwierig ist, auf direktem Weg dahinterzukommen, warum der Partner oder die Partnerin nörgelt, empfehle ich Ihnen zwei indirekte Wege. Machen Sie mit ihm oder ihr zwei Übungen.

Übung Nr. 1: Was würdest du tun, wenn du Single wärst?

Drehen Sie die Single-Übung (siehe Seite 162) einfach um. Fragen Sie Ihren Partner, was er tun würde, wenn er Single wäre. Was wäre dann anders in seinem Leben? Durch diese Fragestellung kommt er möglicherweise hinter die Gründe für seine Unzufriedenheit.

Lassen Sie ihn selbst entscheiden, ob er seine Ideen nur für sich notieren oder mit Ihnen teilen möchte.

Übung Nr. 2: Drei Wünsche frei

Versuchen Sie es zusätzlich mit der Drei-Wünsche-Frage. Ihr Partner darf sich vorstellen, eine Fee hätte ihm drei Wünsche gebracht, die sie ihm erfüllen wird. Was ist es, das er gerne hätte? Denken Sie ernsthaft darüber nach, und überlegen Sie, ob Sie ihm entgegenkommen wollen und können. In seinen Wünschen sehen Sie, was er gerne ändern würde. Sie können diese Übung immer mal wieder machen. So erfahren Sie viel über Ihren Partner – und das ganz ohne Kritik von seiner Seite.

17. Rezept

Einerlei was passiert – seien Sie in jedem Fall treu

Eva ist durcheinander. Ihr neuer Arbeitskollege hat mit ihr geflirtet. »Und ich bin darauf eingegangen! Dabei liebe ich Frank doch!« Nun ist Eva ratlos und weiß nicht so recht, wie sie in Zukunft mit dem Arbeitskollegen umgehen soll. Und ihr ist nicht klar, warum sie auf seine Avancen überhaupt eingegangen ist. »Ein kleiner Seitensprung ist doch nicht so schlimm«, sagt ihre Freundin Gudrun, »vielleicht bringt das sogar frischen Wind in deine Beziehung!«

Um das Wesen der Untreue, ihre Gründe und die Folgen ranken sich eine Vielzahl von Mythen. Einen davon haben wir gerade kennen gelernt: *Untreue kann eine Partnerschaft beleben.* Das Gegenteil ist der Fall: Untreue vergrößert alle Probleme einer Beziehung und macht eine gute Lösung von Paarkonflikten unwahrscheinlich. Viele Beziehungen gehen nur deshalb auseinander, weil einer der Partner untreu wird.

Die Folgen der Untreue für die Partnerschaft

Wer fremdgeht, stellt sich den Problemen in der Partnerschaft nicht, sondern er weicht ihnen aus. Damit setzt er seine Beziehung aufs Spiel – und zwar aus zwei Gründen:

Erstens werden die Schwierigkeiten in der Partnerschaft so auf die lange Bank geschoben. Damit steigt die Wahrscheinlichkeit, dass sie als unterirdischer Sprengsatz eines Tages zum Ende der Beziehung führen. Irgendwann merken wir doch, dass wir unzufrieden sind, und suchen uns eine neue Beziehung.

Zweitens besteht die Gefahr, dass der Partner oder die Partnerin von der Affäre erfährt. Wenn ein Seitensprung herauskommt, fühlt sich der andere zu Recht schwer verletzt. In dieser Lage ist es dann beinahe unmöglich, die eigentlichen Probleme zu lösen.

Wenn Ihnen also an Ihrer Beziehung liegt, dann machen Sie es anders: Einerlei was passiert, bleiben Sie in jedem Fall treu. Durch Treue können Sie dafür sorgen, dass Ihre Partnerschaft wächst und gedeiht. Auch wenn Sie noch so unzufrieden mit Ihrer Beziehung sind, auch wenn es seit Monaten keinen Sex mehr zwischen Ihnen gibt – lassen Sie es nie zu Untreue kommen. Entzaubern Sie stattdessen die vielen Mythen, die einen klaren Blick auf Treue und Untreue verstellen.

Mythos: Bei Untreue geht es immer um Sexualität. *Wir hatten so selten Sex! Es fehlte mir einfach – da bin ich fremdgegangen.* Auf den ersten Blick mag das stimmen: Wer untreu ist, sucht die sexuelle Erfüllung außerhalb seiner Beziehung. Schaut man aber genauer hin, kommen doch Zweifel.

Die meisten Experten gehen davon aus, dass hinter der sexuellen Untreue andere Motive liegen. Menschen suchen in einer Affäre Verständnis, Respekt, Aufmerksamkeit, Fürsorge oder Interesse. Kurz: Sie suchen das gute Gespräch. Sie suchen es außerhalb ihrer Beziehung, weil es ihnen innerhalb der Partnerschaft fehlt. Untreue macht es allerdings unwahrscheinlich, dass sie in Zukunft Verständnis, Respekt, Aufmerksamkeit, Fürsorge oder Interesse in ihrer Partnerschaft finden werden.

Ein weiteres starkes Motiv für Untreue ist die Suche nach Bestätigung. Manche Menschen reagieren auf berufliche Niederlagen zum Beispiel mit Untreue. Durch den Erfolg der Eroberung einer Frau oder eines Mannes wollen sie ihr angeschlagenes Selbstwertgefühl wiederherstellen und setzen damit ihre bestehende Beziehung aufs Spiel. Auch in diesem Fall geht es nicht in erster Linie um Sexualität, sondern um eine Trophäe zur Steigerung des eigenen Selbstwertgefühls.

Mythos: Affären sind der Grund für Trennungen. *Er hatte eine andere – das war der Grund für unsere Trennung.* So hört man es immer wieder, doch auch das ist falsch. Die Untreue ist nicht die Ursache für das Ende einer Beziehung, sie ist allerdings in vielen Fällen der Anlass. Eine Affäre ist nur ein Symptom, an dem zu erkennen ist, dass eine Beziehung schlecht läuft und wahrscheinlich schon lange schlecht gelaufen ist. Das hätten beide Partner sich schon viel früher eingestehen können, lange bevor einer der beiden fremdging. Doch diesen Mut bringen die meisten Paare nicht auf. Der Erkenntnis, dass ihre Beziehung sich in schwierigem Fahrwasser befindet, stellen sie sich in der Regel erst, wenn es fast schon zu spät ist.

Mythos: Männer können nicht treu sein. Liegt Untreue in der Natur des Mannes? Früher waren tatsächlich mehr Männer untreu als Frauen. Diese gesellschaftliche Tatsache wurde von Wissenschaftlern mit der unterschiedlichen Biologie der beiden Geschlechter begründet. *Der Mann muss seinen Samen weiträumig verteilen, um möglichst viele Nachkommen zu haben. So hat die Natur das vorgesehen*, hieß es. Der Mann als eine durch Hormone oder Gene gesteuerte Maschine, die ihr Verhalten nicht kontrollieren kann – das scheint mir eine bequeme Ausrede für sexuelle Eskapaden zu sein.

Die gesellschaftliche Realität jedenfalls hält sich nicht an diese seltsame Theorie. Frauen haben in Bezug auf Untreue in den letzten Jahrzehnten stark aufgeholt. Seit Frauen nicht mehr einsam und allein im engen Umfeld ihres Hauses sitzen und allenfalls mit der Nachbarin reden, ist die Zahl der Gelegenheiten zum Fremdgehen für Frauen stark gewachsen. Heute sind Männer und Frauen in etwa gleich häufig untreu. Die Zahlen liegen zurzeit bei rund 40 Prozent.

Die biologische Begründung für Untreue ist auch deshalb fraglich, weil sie das Wesen der menschlichen Sexualität verkennt. Biologisch gesehen dient die Sexualität im Leben des Menschen weit weniger der Fortpflanzung, sondern ist ein Mittel, um unsere Bindung an den Partner zu festigen. Das hat einen einleuchtenden Grund: Menschenkinder brauchen sehr lange, bis sie selbstständig sind. Und so lange soll die Bindung zwischen den Partnern halten. Der Mensch und seine Sexualität sind also von Natur aus auf Treue ausgerichtet.

Mythos: Gelegenheit macht Liebe. Zweifellos sind Gelegenheiten eine notwendige Voraussetzung für Untreue. Sie sind aber nicht der Grund. Glauben Sie niemandem, der Sie davor warnt, Ihre Frau mit einem hübschen jungen Mann Tennis spielen zu lassen. Sie wird nicht fremdgehen, wenn sie in Ihrer Beziehung zufrieden ist. Wenn ein Partner aber unzufrieden ist, dann schafft er es in jedem Fall, einen interessanten Kandidaten für einen Seitensprung kennen zu lernen.

Mythos: Untreue hat nichts zu besagen. *Ich bin nach einer Feier, bei der ich ein Paar Glas Bier getrunken hatte, mit einer Frau mitgegangen, die mir schöne Augen gemacht hat. Mit meiner Partnerin bin ich aber glücklich. Ich glaube, es war nur der Alkohol.* Alkohol macht einen Seitensprung zwar leichter, er ist aber nicht die Ursache für Untreue. Untreue ist immer ein ernster Warnhinweis, der besagt: Diese Beziehung ist in Gefahr. Wer diesen Hinweis nicht ernst nimmt und Untreue schönredet, der bringt damit seine Beziehung über kurz oder lang in noch größere Not.

Wie Treue gelingt

Dem Partner treu zu sein, hat eine grundlegende Voraussetzung: Sie müssen Ihrer eigenen Unzufriedenheit mit Ihrer Beziehung auf die Spur kommen und ihr ernsthaft nachgehen. Das ist oft nicht leicht. Häufig ist uns gar nicht klar, dass wir nicht zufrieden mit der Partnerschaft sind. Unsere Vorstellung von der Liebe basiert meist auf Harmonie. Und weil wir innerlich an dieser Harmonie festhalten, ignorieren wir die Schwierigkeiten einfach. *Unzufrieden? Ich doch nicht!* Oder wir bagatellisieren. *Ist doch nicht so wichtig!* Beides ist nicht hilfreich. Machen Sie es anders, und nehmen Sie sich und Ihre Wünsche, Sehnsüchte und Hoffnungen in Bezug auf die Partnerschaft ernst. Lassen Sie Unzufriedenheit mit dem Partner zu. Wenn Sie das tun, dann hat die Untreue keine Chance.

Unzufriedenheit erkennen

Da Eva auf das Flirtangebot ihres Kollegen eingegangen ist, spricht viel dafür, dass sie mit einigen Dingen in ihrer Partnerschaft nicht glücklich ist. Womit, das muss sie nun herausfinden.

Eva hat sich nach ihrem Gespräch mit Gudrun noch an

Karin gewandt. Karin hat aufmerksam zugehört und ihr einige Fragen gestellt: »Wie lief es mit Frank in den letzten Wochen? Gab es Streit? Wie oft seht ihr euch? Hat einer von euch zurzeit viel Stress?«

Frank hat in letzter Zeit viel gearbeitet und war oft sehr zerstreut. Er hat sogar beinahe ihren Geburtstag vergessen. Im Gespräch mit Karin wird Eva bald klar, dass sie wieder mehr Aufmerksamkeit braucht. Einen Strauß Blumen, ein gemeinsames Essen, eine Wochenendreise.

So hat der kurze Flirt mit dem Kollegen am Ende sogar noch etwas Gutes gehabt: Eva hat gemerkt, dass sie die Dinge in ihrer Partnerschaft nicht einfach weiterlaufen lassen kann, ohne dass ihre Gefühle für Frank Schaden nehmen. Der Flirt hat sie – zum Glück – wachgerüttelt. Er war ein Warnhinweis, dass in ihrer Beziehung etwas falsch läuft.

Den gleichen heilsamen Effekt haben auch Untreuefantasien. Wer merkt, dass er in Gedanken immer wieder zu anderen Männern oder Frauen abschweift, der kann sich sicher sein, dass in seiner Beziehung etwas im Argen liegt. Das ist kein Grund, sich zu grämen, im Gegenteil. Seien Sie froh! Untreuefantasien wie auch kleine Flirts sind ein wichtiges Frühwarnsystem für die Partnerschaft. Wenn Sie Untreuefantasien als einen Anlass begreifen, sich um Ihre Beziehung zu kümmern, dann haben sie eine heilsame Wirkung und stärken die Partnerschaft.

Erst trennen, dann neu binden

Mit meiner Frau habe ich mich auseinandergelebt. Wir haben uns nicht mehr viel zu sagen. Nun habe ich eine sehr nette Frau kennen gelernt. Ich will zunächst einmal schauen, ob aus uns beiden etwas wird, ehe ich die Beziehung mit meiner Frau beende. Von einer Beziehung direkt in die nächste zu wechseln – dieses Verhalten findet sich sehr häufig, bei Männern wie bei Frauen. Ich rate von dieser besonderen Form der Untreue ab. Und zwar aus vier Gründen.

Untreue zum Ende einer Beziehung verletzt den Partner. Eine Trennung ist immer schwierig, das gilt ganz besonders für Paare, die länger als drei Jahre zusammen waren. Es gilt ganz besonders, wenn Sie Eigentum zusammen erworben haben. Und es gilt schließlich für Paare, die Kinder miteinander haben. All diese Dinge machen eine Trennung ohnehin schwer. Geht sie aber mit Untreue einher, wird es für den Partner oder die Partnerin noch schwieriger. Zum Schmerz der Trennung kommt dann auch noch die Kränkung durch Untreue hinzu.

Untreue am Ende einer Beziehung ist unehrlich gegenüber sich selbst. Nur in seltenen Fällen gelingt es, direkt aus einer alten Beziehung heraus eine langjährige neue Partnerschaft einzugehen. In der Regel ist der oder die Neue schlicht ein Übergangskandidat in einer Übergangsbeziehung. Die neue Beziehung wird gebraucht, um die Ablösung aus der alten Bindung zu schaffen.

Untreue am Ende einer Beziehung ist unehrlich gegenüber dem neuen Partner. Der Mann in unserem Beispiel ist außerdem seiner neuen Partnerin gegenüber nicht ehrlich. Sein Herz ist noch lange nicht wirklich frei. Der neuen Geliebten dürfte kaum klar sein, dass seine Treueschwüre auf Sand gebaut sind. 90 Prozent aller Übergangsbeziehungen enden so innerhalb von zwei Jahren. Auch die neuen Partner fühlen sich oft verletzt und benutzt – zu Recht.

Untreue am Ende einer Beziehung ist eine einfache Lösung für ein schwieriges Problem. Wenn die Beziehung wirklich so schlecht läuft, warum will der Mann dann warten, ob sich etwas Neues ergibt? Warum beendet er nicht die alte Beziehung, wenn er sich sicher ist, dass er das will?

Ein Grund für diese Form der Untreue ist die Angst vor dem Alleinsein. Angst aber ist ein sehr schlechter Ratgeber. Die Untreue ist also eine (vermeintlich) einfache Lösung für ein schwieriges Problem. Ein zweiter Grund: Wer eine Beziehung durch Untreue beendet, erspart sich die ansonsten unvermeidliche Trauer über die Trennung. Kurzfristig ist das von Vorteil. Statt der Trauer über die vergangene Liebe beherrscht die Verliebtheit gegenüber der oder dem Neuen das Gefühlsleben. Langfristig aber ist die Suche nach einer neuen Liebe aussichtsreicher, wenn erst die Trauer erlebt und durchlitten wird und dann die Suche nach einem neuen Lebenspartner einsetzt.

Einerlei was passiert – bleiben Sie also in jedem Fall treu. Auch wenn Ihre Beziehung sehr schlecht läuft, auch wenn Sie sich selbst sicher sind, dass Ihre Partnerschaft zu Ende geht. Sorgen Sie für ein Ende mit Anstand. Ziehen Sie den Schlussstrich, wenn er denn wirklich unvermeidlich ist. Erst sollten Sie sich trennen und dann neu binden. Ihrem alten Partner zuliebe, dem neuen Partner zuliebe und sich selbst zuliebe.

18. Rezept

Gehen Sie bei Untreue niemals zur Tagesordnung über

Die meisten Menschen reagieren auf eigene Untreue mit einem schlechten Gewissen und gehen dann zur Tagesordnung über. Beides ist nicht hilfreich. Ein schlechtes Gewissen hilft weder Ihnen noch Ihrem Partner oder Ihrer Partnerin. Ihre Beziehung wird dadurch weder besser noch stabiler. Ein schlechtes Gewissen ist kein bequemes Ruhekissen.

Für den Übergang zur Tagesordnung gilt das Gleiche. Wer einfach zur Tagesordnung übergeht, verkennt die schwierige Lage, in der er sich befindet. Er steckt wie der Vogel Strauß den Kopf in den Sand, damit er die vorhandenen Probleme nicht sehen muss.

Was tun, wenn ich untreu war?

Glauben Sie mir: Wenn Sie untreu waren, dann ist Ihre Liebe in Gefahr. Überlegen Sie gut, ob Sie sie aufgeben. Wenn Sie fest entschlossen und sicher sind, sie retten zu wollen, dann hilft Ihnen weder das schlechte Gewissen weiter, noch der Übergang zur Tagesordnung. Was jetzt hilft, sind ausschließlich richtige und konsequente Entscheidungen – und die sollten Sie treffen.

Erster Schritt: Beenden Sie die Untreue. Die erste dieser richtigen Entscheidungen heißt: Beenden Sie Ihre Affäre, wenn sie nicht ohnehin bereits zu Ende ist! Ohne diesen Schritt ist es nicht möglich, Ihre Beziehung zu retten. Sie können nicht gleichzeitig die Annehmlichkeiten einer Affäre genießen und Energien für eine ernsthafte Verbesserung Ihrer Beziehung mobilisieren.

Zweiter Schritt: Verwischen Sie die Spuren. Sorgen Sie dafür, dass Ihr Partner oder Ihre Partnerin nichts von Ihrer Untreue erfährt. Beseitigen Sie alle Spuren. Jede E-Mail, jeden auffälligen Kontobeleg, jeden Brief. Vernichten Sie alles.

Gestehen Sie Ihrem Partner den Seitensprung nicht, wenn der andere ahnungslos ist. Ihre Partnerschaft wird durch eine Beichte nicht an Stabilität gewinnen. Das Gegenteil ist der Fall: Das Eingeständnis der Untreue löst beim Partner Verlustängste aus. Diese Ängste können Ihre Paarkonflikte so stark eskalieren lassen, dass Sie keine Chance mehr haben, die Beziehung zu retten.

Untreue ist außerdem immer eine schwere Kränkung für den Betrogenen. Das Eingeständnis der Untreue löst deshalb oft Wut bei ihm aus. Im schlimmsten Fall kann es passieren, dass Ihre Partnerin oder Ihr Partner die Beziehung sofort beendet. Das hat einen ganz einfachen Grund: Der andere weiß instinktiv, dass er nicht in der Lage ist, seine Gefühle von Wut oder Angst zu beherrschen und zu einem ruhigen Gespräch mit Ihnen zu kommen. In manchen Fällen bestellt er oder sie direkt den Schlüsseldienst, um die Schlösser auszutauschen, und engagiert ein Umzugsunternehmen, das Ihre Sachen umgehend einlagert.

Eine weitere häufige Reaktion auf Untreue ist die Depression als Vergeltung für die erlittene Kränkung durch den Partner. Eine Depression Ihres Partners oder Ihrer Partnerin macht eine

Lösung Ihrer eigentlichen Schwierigkeiten leider ebenfalls weniger wahrscheinlich.

Wenn Ihnen also etwas an Ihrer Beziehung liegt, dann sorgen Sie dafür, dass Ihr Partner nichts von der Untreue erfährt. Verwischen Sie konsequent alle Spuren – aber erliegen Sie gleichzeitig nicht der Versuchung, zur Tagesordnung überzugehen.

Dritter Schritt: Stellen Sie sich Ihrer Unzufriedenheit. *Es war doch nur ein Ausrutscher. Es lag nur daran, dass ich zu viel Wein getrunken hatte. Es war nur einmal und hat wirklich nichts zu bedeuten!* Die Zahl der Ausreden bei Untreue ist schier unendlich. Versuchen Sie nicht, sich durch bequeme Erklärungen Ihren Seitensprung schönzureden. Das hilft Ihnen nicht weiter. Sehen Sie stattdessen der Wahrheit ins Auge: Sie sind mit Ihrer Beziehung unzufrieden.

Suchen Sie professionelle Hilfe. Es reicht nicht, wenn Sie mit Freunden reden. Freunde sagen, was sie selbst denken. Sie bagatellisieren oder verurteilen, was Sie getan haben. Beides hilft Ihnen nicht weiter.

Professionelle Hilfe bei Untreue finden Sie bei guten Therapeuten und in Beratungsstellen, die auf Ehe- und Familienprobleme spezialisiert sind. Benennen Sie, was Sie in der Partnerschaft unzufrieden macht. Was stört Sie am anderen? Was stört Sie am Umgang miteinander? Was hätten Sie gerne anders? Was würden Sie möglicherweise in Ihrem eigenen Leben ändern wollen, um wieder zufrieden zu werden? Wenn Sie diesen Fragen ernsthaft nachgehen, haben Sie eine große Chance, Ihre Beziehung wieder zu einer glücklichen zu machen.

Einen guten Therapeuten oder Berater erkennen Sie daran, dass er Ihre Untreue weder verurteilt *(Wie konnten Sie nur!)* noch bagatellisiert *(Ist doch nicht so schlimm!)*. Außerdem sollten Sie unbedingt den Therapeuten oder Berater wechseln, wenn er oder sie dazu rät, dem Partner oder der Partnerin die Untreue zu beichten. Ein solcher Rat ist in höchstem Maße unprofessionell.

Vierter Schritt: Stellen Sie sich der Unzufriedenheit Ihres Partners. Sehen Sie bitte auch einer zweiten Wahrheit ins Auge: Auch Ihre Partnerin, auch Ihr Partner ist mit der Beziehung so, wie sie zurzeit läuft, nicht zufrieden. In aller Regel sind beide Partner nicht glücklich, finden aber keinen Weg, das zu ändern. Finden Sie mithilfe des Beraters oder Therapeuten heraus, was es ist. Suchen Sie nach Lösungen für Ihre Probleme als Paar. Geben Sie nicht auf.

Suchen Sie auch das intensive Gespräch mit Ihrem Partner. Reden Sie dabei weniger über Schwierigkeiten. Versuchen Sie vielmehr herauszufinden, was Ihre Partnerin oder Ihren Partner beschäftigt. Wie sieht er sein Leben? Wie seine Zukunft?

Was tun, wenn der Partner untreu war?

»Liebling, ich verzeihe dir«, haucht sie in sein Ohr und schon ist sein Seitensprung vergeben und vergessen. So erleben wir es in Hollywoodfilmen und in deutschen Fernsehserien. Es wird verziehen, und das geht ganz, ganz schnell.

Erliegen Sie bitte nicht der Versuchung, dem Partner umstandslos zu verzeihen. Gehen Sie nicht einfach zur Tagesordnung über. Wenn Ihr Partner untreu war, dann ist Ihre Liebe in Gefahr. Wenn Sie sie retten wollen, dann helfen Ihnen keine wohlgemeinten Treueschwüre Ihres Partners für die Zukunft und auch kein vorschnelles Verzeihen Ihrerseits. Was jetzt hilft, sind richtige Entscheidungen.

Erster Schritt: Stellen Sie ihn vom Platz. Wer Untreue erlebt, fühlt sich verletzt. Diese Verletzung zu verzeihen ist schwer, sehr schwer sogar. Gehen Sie nicht über die erlittene Kränkung hinweg, sondern sorgen Sie zunächst für Distanz. Stellen Sie ihr oder ihm die Koffer vor die Tür, oder sagen Sie klipp und klar, dass er oder sie für eine gewisse Zeit ausziehen soll. Lassen Sie sich nicht durch treuherzige Sprüche oder Liebesschwüre irremachen. Untreue zu verzeihen fällt auf die Dauer leichter, wenn Sie den Partner oder die Partnerin zunächst vom Platz stellen und so Ihren Gefühlen der Kränkung und des Verrats Raum geben.

Sie dürfen gekränkt sein! Sie sollten es sogar. Einer wirklichen Versöhnung – so es denn dazu kommt – stehen Wut und Ärger über den Partner nicht entgegen. Das Gegenteil ist der Fall: Heruntergeschluckte Wut ist auf lange Sicht ein großes Hindernis für eine echte Versöhnung. Unterdrückte Wut findet immer wieder ihren Weg an die Oberfläche und torpediert so das, was Sie gerne wollen: eine glückliche, stabile Beziehung.
Den anderen vom Platz stellen, das ist eine Trennung auf Probe. Damit machen Sie dem Partner klar, dass sein Verhalten zum Ende der Partnerschaft führen kann. Auch für Sie selbst wird diese Möglichkeit realistischer. Der andere ist weg, sein Bett ist leer, die Wohnung gehört ganz alleine Ihnen. Wollen Sie ihn wirklich wiederhaben?

Lassen Sie sich Zeit, eine Antwort auf diese Frage zu finden. Nicht, weil Sie den anderen zappeln lassen sollten – *Soll er doch ruhig ein bisschen leiden!* Nein, es ist besser für Sie und Ihre eigene Entscheidungsfindung. Bei einer Trennung auf Probe ist die spätere Versöhnung ein aktiver Vorgang. Sie setzt den Entschluss beider Partner voraus, die Partnerschaft fortsetzen zu wollen. Ohne eine solche Trennung auf Probe ist es oft nur die Macht der Gewohnheit, die zur Fortsetzung führt.

Zweiter Schritt: Sorgen Sie für Rückhalt. Gehen Sie offen mit der Untreue um. Sprechen Sie mit guten Freundinnen und Freunden. Suchen Sie auf diese Weise Rückhalt. Überlegen Sie sich gut, wer sich für solche Gespräche eignet, denn es geht nicht darum, Ihren Partner bei Ihren Freunden anzuschwärzen!

Wenn Sie aber mit niemandem aus Ihrem Umfeld darüber reden, sind Ihre Chancen schlechter, eine gute Lösung für Ihre Partnerschaft zu finden. Ihnen fehlt dann der emotionale Rückhalt der Freunde. Und es fehlen Ihnen ganz schlicht gute Gesprächspartner in einer schwierigen Zeit. Suchen Sie sich in diesem Fall eine professionelle Beratung.

Dritter Schritt: Erwarten Sie eine Entschuldigung. Der untreue Partner muss die Verantwortung für sein Handeln übernehmen und zu seinem Verhalten stehen. Er war untreu, nicht Sie. Er sollte zu seiner Verantwortung stehen und sein Verhalten bedauern. Tut er das nicht, dann sind Ihre Aussichten auf eine dauerhafte und haltbare Versöhnung schlecht. *Es tut mir leid, dass ich dich so verletzt habe* – eine solche Entschuldigung ist eine Grundvoraussetzung für eine Versöhnung.

Rechtfertigt er aber ausschließlich sein Verhalten, oder ist er der Ansicht, eine gelegentliche Untreue sei normal, dann stehen Ihre Chancen für eine echte Versöhnung nicht gut. Auf dieser Basis kann kein neues Vertrauen in den Partner wachsen. Sie können das Ende also hinauszögern, aufhalten aber können Sie es in der Regel nicht.

Vierter Schritt: Versuchen Sie, die Untreue zu verstehen. Ein wirkliches Verstehen setzt voraus, dass beide Partner sich mit der eigenen Unzufriedenheit und mit der des Partners auseinandersetzen. Nur auf dieser Basis ist ein ehrliches Verzeihen möglich, und nur so kann auch neues Vertrauen entstehen. Für diesen Schritt können Sie auch eine professionelle Beratung in Anspruch nehmen. Eine gute Beratung bei Untreue wird beiden Partnern zunächst viel Raum geben, über ihre Sicht auf die Partnerschaft zu sprechen. Erst bekommt einer der Partner drei Beratungsstunden lang Zeit, während der andere einfach nur zuhört. Dann werden die Rollen getauscht und der andere spricht. Erst danach beginnt der Dialog.

Fünfter Schritt: Lernen Sie zu verzeihen. Verzeihen ist in Wahrheit weitaus komplexer, als es uns gerne vorgegaukelt wird. Jeder der beiden Beteiligten muss sich selbst und dem anderen verzeihen. So ergeben sich vier verschiedene Varianten des Verzeihens, die sich nicht von alleine einstellen.

Dem Partner die Untreue verzeihen. Das ist ein mutiger Schritt auf einem Weg mit unsicherem Ziel. Wird es gelingen, die Beziehung auf einer sicheren Vertrauensbasis fortzuführen? Ein Neuanfang nach Untreue gelingt langjährigen Paaren besser als Paaren, die erst einige Monate oder Jahre zusammen sind. Wer aber 15 oder 20 Jahre lang ein Paar ist, ist besser in der Lage, das Positive an der Beziehung über die erlittene Kränkung zu stellen.

Verzeihen gelingt auch denen besser, denen bewusst ist, dass sie sich in der Vergangenheit zusammen mit dem Partner besser entwickelt haben als ohne ihn, und die glauben, dass dies auch in Zukunft wieder so sein kann.

Sich selbst die Untreue des Partners verzeihen. *Was habe ich nur falsch gemacht? Warum ist er nur untreu geworden?* Manche Menschen fragen sich unentwegt, welchen Anteil sie selbst an dem Seitensprung des Partners haben. Glauben Sie mir: Auch wenn Sie viel genörgelt haben, auch wenn Sie in letzter Zeit viel Stress am Arbeitsplatz hatten und wenig Zeit für ihn oder sie: Niemand muss deshalb fremdgehen. Ihr Partner, Ihre Partnerin hat entschieden, das zu tun. Das ist bedauerlich. Aber es ist seine Verantwortung, nicht ihre. Er hätte auch ganz anders handeln können. Er hätte das ernste Gespräch mit Ihnen suchen können, er hätte mit einem Freund über seine Unzufriedenheit reden können – er hat es aber nicht getan! Stattdessen ist er untreu geworden – weil er es nicht besser wusste, weil es die einfachere und bequemere Lösung war, weil es seinem Ego geschmeichelt hat.

Übernehmen Sie nur Verantwortung für *Ihren* Anteil an den Problemen, die es in Ihrer Partnerschaft gibt. Die Verantwortung für die Untreue selbst gehört nicht dazu.

Dem anderen die eigene Untreue verzeihen. Untreue ist oft auch eine Aggression gegen den Partner. Wer genau hinschaut, findet bei Untreue tatsächlich oft Wut gegenüber dem anderen. *Weil du mir nie zuhörst, musste ich mir einen anderen suchen.* Wie berechtigt auch immer diese Wut ist, auch der Untreue muss sich mit dem anderen wieder aussöhnen und ihm verzeihen.

Sich selbst die eigene Untreue verzeihen. Untreue zieht Schuldgefühle nach sich, und Schuldgefühle sind Gift für die Partnerschaft. Wer sich schuldig fühlt, versucht in aller Regel, dem Partner zuliebe nachgiebig zu sein und ihm alles recht zu machen. Doch dadurch gerät eine Beziehung völlig aus der Bahn. Eine Partnerschaft soll ein Aufeinandertreffen von zwei gleichwertigen Partnern sein. Dem anderen ein gleichwertiges und gleich starkes Gegenüber zu sein, wird durch Schuldgefühle sehr, sehr schwer. Wer erkennt, warum seine Beziehung in eine Schieflage geraten ist, kann sein eigenes Verhalten milder beurteilen. Selbstverurteilungen bringen Sie nicht weiter.

Das Wichtigste ist, aktiv zu werden für den Bestand Ihrer Beziehung.

Die Treue zum Partner, von der in diesem und im vorhergehenden Kapitel die Rede war, hat eine wichtige Voraussetzung: die Treue zu sich selbst. Nur wer auch sich selbst treu ist, kann auf Dauer einem anderen treu sein.

19. Rezept

Setzen Sie sich Ziele

»Warum will sie denn unbedingt Heilpraktikerin werden?« Franks Augen schauen ratlos drein. »Sie hat doch ihre Arbeit. Wozu braucht sie da noch so eine Ausbildung?« Eva sieht das ganz anders. Ihre Arbeit in einem pharmazeutischen Labor macht ihr zwar Spaß, doch nach zehn Jahren stellt sich Routine ein. »Ich würde einfach gerne noch etwas Neues lernen«, sagt Eva. Als Kind wollte sie immer gerne Ärztin werden. Später studierte sie dann doch »nur« Biologie. »Als Heilpraktikerin könnte ich mein Wissen gut einsetzen. Und ich hätte mehr mit Menschen zu tun.«

Die Antwort auf Franks Frage ist also ganz einfach: Eva sucht nach einer neuen Herausforderung. Und Frank kann froh sein, dass sie das tut. Ein Mensch, der weiß, was er aus seinem Leben machen will, ist zufriedener. Und zufriedene Menschen haben erwiesenermaßen die besseren Partnerschaften. Am Ende kommt Evas Begeisterung für die neue Ausbildung also auch Frank zugute – auch wenn er das im Moment noch ganz anders sieht.

Ziele machen glücklich und zufrieden

Ziele sind der Motor des menschlichen Lebens. Der Wert eines Zieles liegt gar nicht unbedingt darin, dass wir es auch erreichen. Ein stures *Das muss ich unbedingt schaffen!* ist niemals hilfreich. Wenn es um Ziele geht, gilt vielmehr die asiatische Weisheit: Der Weg ist das Ziel. Wer weiß, wohin er will, der strengt sich an, um sein Ziel zu erreichen. Beim Gehen darf sich die Richtung dann aber ruhig noch ändern.

Der Weg ist das Ziel – diese Maxime wird auch durch die psychologische Forschung bestätigt. Zwischen Menschen, die ihre Ziele erreichen, und denen, die das nicht tun, findet sich in Bezug auf die Zufriedenheit kein großer Unterschied. Beide Gruppen sind in etwa gleich glücklich. Diejenigen aber, die sich ein Vorhaben gar nicht erst zutrauen, sind deutlich unzufriedener mit ihrem Leben.

Ob Eva am Ende wirklich Heilpraktikerin wird und ihren derzeitigen Beruf ganz aufgibt? Wer weiß! Vielleicht berät sie nach der Ausbildung zur Heilpraktikerin nur im Freundeskreis und entscheidet sich, beruflich das zu bleiben, was sie ist: eine erfolgreiche Biologin. Vielleicht wird sie nebenher ein wenig als Heilpraktikerin arbeiten – als Ausgleich zu ihrem Beruf. Oder aber sie findet einen Weg, ihre beiden Ausbildungen als Biologin und als Heilpraktikerin unter einen Hut zu bringen – bei einem neuen Arbeitgeber. Das alles kann und muss sie jetzt aber noch nicht wissen. Wichtig ist, dass Eva den ersten Schritt geht, einerlei, wohin ihr Weg sie eines Tages noch führen wird.

Ziele verlocken zum Aktivsein

Ziele zu haben – das macht uns aktiv und lebendig. Es macht uns resistent gegen die Verheißungen der modernen Medienwelt, die uns das Nichtstun nahelegen. *Sei passiv! Erhole dich! Lass dich unterhalten!* Drei bis vier Stunden verbringen wir täglich im Durchschnitt vor dem Fernseher. Das macht unseren

Gehirnmuskel träge und schlaff, und es drückt unsere Stimmung. Aus der Psychologie ist bekannt, dass ein hoher Fernsehkonsum mit einer geringen Lebenszufriedenheit einhergeht.

Ziele zu haben verlockt uns dagegen zu Aktivitäten. Und wenn wir aktiv sind, wenn wir uns anstrengen und bemühen, dann fühlen wir uns glücklich und zufrieden. Der berühmte Chicagoer Glücksforscher Mihaly Csikszentmihalyi hat diesen Zusammenhang in Jahrzehnten intensiver Forschung immer wieder nachgewiesen. Dabei kam er auch einem interessanten Paradox auf die Spur: Viele Menschen betonen bei Umfragen, dass sie in ihrer Freizeit zufriedener sind als bei ihrer Arbeit.

Ein groß angelegtes Experiment widersprach allerdings diesem Umfrageergebnis. Prof. Csikszentmihalyi gab seinen Testpersonen kleine Geräte mit, die regelmäßig über den Tag verteilt mit Informationen über die momentane Zufriedenheit gefüttert werden mussten. Das interessante Ergebnis: Die meisten Menschen waren bei der Arbeit erheblich glücklicher als in ihrer Freizeit. Csikszentmihalyi führt dies vor allem auf das hohe Maß an passiven Freizeitbeschäftigungen wie Fernsehkonsum zurück. Ziele dagegen – berufliche wie private – verlocken auch in der Freizeit zum Aktivsein.

Ziele stärken unser Selbstwertgefühl

Ein Ziel zu haben und etwas zu seiner Verwirklichung zu tun, beeinflusst unser Selbstwertgefühl positiv. Ist das Selbstwertgefühl gut, dann läuft in der Regel auch die Beziehung besser. Sinkt es aber, dann sinkt auch die Zufriedenheit mit dem Partner oder der Partnerin. Am unzufriedensten mit ihrer Partnerschaft sind Menschen mit einem niedrigen Selbstwertgefühl.

Langwierige Beziehungsdiskussionen helfen nicht weiter,

wenn der eigentliche Grund für die Unzufriedenheit mit dem Partner ein geringes Selbstwertgefühl ist. Besser ist dagegen der klare Blick auf das eigene Leben. Was kann das Gefühl des eigenen Wertes vergrößern? Sich einfach einzureden *Ich bin großartig!*, hilft erfahrungsgemäß nicht weiter. Erfolge und Leistungen, auf die wir stolz sind, beflügeln. Und dabei kommen wiederum unsere Ziele ins Spiel.

Zufriedenheit zählt – nicht Geld und Einfluss

Wenn Sie konkrete Schritte unternehmen, um zum Beispiel Ihre berufliche Situation zu verbessern, dann nutzt das auch Ihrem Ego. Das gilt allerdings nur dann, wenn Sie sich bei Ihren Entscheidungen für oder gegen bestimmte Ziele auch wirklich von dem Gedanken an die eigene Zufriedenheit leiten lassen. Mehr Zufriedenheit mit der Arbeit selbst, eine neue berufliche Herausforderung – all das trägt zu einem besseren Selbstwertgefühl bei. Wenn das auch mit einem höheren Einkommen verbunden ist – wunderbar. Notwendig ist das aber nicht.

Ein höherer Verdienst alleine hebt das Selbstwertgefühl nicht. Ein größerer Dienstwagen ebenso wenig. Das Gleiche gilt für mehr Macht und Einfluss – all das beeinflusst zwar für kurze Zeit unsere Stimmung, eine dauerhafte Verbesserung des Lebensgefühls ist aber nicht damit verbunden.

Auch abseits des Berufes gibt es lohnende Ziele. So stärkt es zum Beispiel Ihr Selbstwertgefühl, wenn Sie Ihr Wissen vergrößern. Nicht jeder Mensch hat im beruflichen Bereich große Spielräume für Veränderungen. Die Welt des Wissens aber steht uns allen offen. Und Bildung macht nicht nur schlau, sondern auch glücklich. Das Gleiche gilt für Fähigkeiten wie zum Beispiel ein Musikinstrument zu spielen, Yoga oder chinesische

Kalligrafie. All das sind Ziele, die unsere Persönlichkeit wachsen und reifen lassen und unser Selbstwertgefühl dauerhaft stärken.

Die eigenen Lebensziele verwirklichen

Begraben Sie Träume und Wünsche nicht. Erwecken Sie sie zum Leben. Machen Sie es so wie Eva: Stärken Sie Ihre Beziehung, indem Sie sich fragen, was Sie beruflich oder privat erreichen wollen. Suchen Sie sich neue Herausforderungen, die Ihnen Freude machen. Erkennen Sie, was wichtig für Sie ist. Und überlegen Sie sich Schritte, die Sie Ihren Träumen, Ihren Zielen und Wünschen näher bringen.

Übung: Sammeln Sie Ideen

Schreiben Sie sich mögliche Ziele im Beruf und auch im Privatleben auf. Sammeln Sie zunächst einmal Ideen. Fragen Sie sich hierzu auch, welche Träume Sie früher hatten. In keiner Zeit unseres Lebens werden wir als Mensch so tiefgreifend geprägt wie in der Kindheit und Jugend. Wie haben Sie sich Ihr Leben vorgestellt? Was wollten Sie erreichen? Was wir uns in jungen Jahren erträumten, davon zehren wir oft noch im Erwachsenenleben.

Lassen Sie sich bei Ihrer Ideenfindung nicht durch praktische Erwägungen einschränken. Die Frage, wie Sie Ihre Ziele umsetzen können, sollten Sie sich für später aufheben. Auch mögliche Vorbehalte Ihres Partners gegen einzelne Ihrer Ideen sollten beim Nachdenken über mögliche Ziele zunächst keine Rolle spielen. Es ist *Ihre* Liste – kein Konsenspapier nach kräfteraubenden nächtlichen Koalitionsverhandlungen.

Suchen Sie jetzt das Gespräch mit Menschen, die Sie gut kennen und die deshalb geeignet sind, mit Ihnen die Frage *Was ist der nächste Schritt?* zu klären. Ist Ihr Partner offen für Gespräche über mögliche zukünftige Ziele – gut. Ist er es nicht oder befürchten Sie sogar kritische Reaktionen wie die von Frank gegenüber Eva, dann suchen Sie sich eben andere Mentoren, die Ihre Suche nach geeigneten Lebenszielen begleiten.

Was ist der nächste Schritt? Diese Frage beantworten wir in verschiedenen Lebensphasen immer wieder neu. Versuchen Sie also herauszufinden, welche Ziele für Sie zurzeit besonders wichtig sind.

Und was sagt der Partner dazu?

Menschen stehen in ihrer Entwicklung nicht still. Sie verändern sich, gehen neue, überraschende Wege. Diese Fähigkeit des Menschen, sich zu verändern, fordert eine Partnerschaft immer wieder heraus. Beide Partner müssen mit der Entwicklung des anderen umgehen. Beide müssen lernen, den anderen auch anders zu sehen, als sie es bislang gewohnt waren.

Das fällt dem Partner oft nicht leicht – und das darf es auch! Wenn Sie Glück haben, dann ist Ihr Partner begeistert von Ihrem Vorhaben. Wenn sie Pech haben, reagiert er verschnupft oder gar ablehnend. So ist es Eva mit ihrem Plan ergangen, eine Ausbildung als Heilpraktikerin zu machen. Frank scheut Veränderungen. Er liebt das Altbekannte, und es fällt ihm schwer, sich auf Evas neue Pläne einzustellen.

Haben auch Sie einen Partner, der auf Veränderungen schnell ablehnend reagiert? Dann sollten Sie, bevor Sie mit Ihrem Partner reden, sehr genau wissen, was Sie wollen. Überfordern Sie ihn nicht durch Pläne, die schon am nächsten Tag durch neue ersetzt werden.

Nachgeben oder sich durchsetzen? Frauen mit Partnern fällt es besonders schwer, berufliche und private Ziele konsequent zu verfolgen. Allzu häufig stellen sie ihre eigenen Interessen zurück. Sie glauben, dass die Partnerschaft wichtiger ist. Soll sie denn wirklich eine berufliche Fortbildung machen, bei der er sechs Wochenenden im Jahr alleine zurückbleibt? Ja, sie sollte.

Eine Partnerschaft ist mit Sicherheit kein Wettkampf, wer seine Interessen am rücksichtslosesten vertritt. Aber eine Partnerschaft läuft auch dann nicht gut, wenn wir versuchen, uns durch besondere Zurückhaltung hervorzutun. Solche Rücksichtnahme mag dem Partner zunächst gefallen. Doch wer zu viel Rücksicht nimmt und seine eigenen Wünsche zu oft zurückstellt, der bringt seine Beziehung auf lange Sicht in eine Schieflage.

Das Zurückstellen eigener Entwicklungswünsche übt einen permanenten Druck auf die Beziehung aus, die Unzufriedenheit mit dem Partner wächst, das Geben fällt schwerer, das Gespräch wird schwieriger. Denn irgendwann fragen wir uns doch: *Und wo bleibe ich?* Wenn diese Frage endlich offen gestellt wird, dann ist es in vielen Fällen schon zu spät und die Beziehung ist nicht mehr zu retten.

Bleiben Sie sich treu. Dieses Motto gilt auch für Eva. Sie sollte sich selbst treu bleiben und zu ihrem Wunsch nach einer Fortbildung stehen – einerlei, wie Frank das im Moment sieht. Er wird es ihr aller Voraussicht nach am Ende trotzdem danken. Auch er weiß schließlich eine zufriedene Partnerin zu schätzen. Denn in der Liebe gilt das alte deutsche Sprichwort: »Wer hat, dem wird gegeben.« Wer interessante Hobbys hat, einen interessanten Freundeskreis und Spaß an der Arbeit, der hat auch die bessere Partnerschaft.

20. Rezept

Die Lebensziele des Partners verwirklichen

Der Unterschied zwischen einem glücklichen und einem unglücklichen Paar ist manchmal ganz einfach: Einem glücklichen Paar ist klar, dass es in einer Beziehung selbstverständlich ist, die eigenen Lebensziele und die des Partners zu verwirklichen. Den Wunsch des einen, ein Abendstudium zu beginnen, und den Wunsch des anderen nach einem Leben auf dem Land. Den Wunsch des einen, das Klavierspielen anzufangen, und den Wunsch des anderen, Kinder zu haben. Den Wunsch des einen, die örtliche Jugend-Fußballmannschaft zu trainieren, und den Wunsch des anderen, sich mit einer eigenen Firma selbstständig zu machen.

Glauben Sie mir: Eine Partnerschaft verträgt manch ein Ungleichgewicht. Es kann sein, dass Sie gerne ausgehen und Ihr Partner lieber zuhause bleibt – und trotzdem sind Sie beide ein glückliches Paar. Es kann auch sein, dass Sie den größten Teil Ihres gemeinsamen Geldes ausgeben, während Ihr Partner eher bedürfnislos ist, dass Sie ruhige Landurlaube vorziehen, während er zum Trekking in den Himalaja fährt oder eine Museumstour durch New York macht.

All diese Unterschiede müssen nicht zu Problemen führen. Ein mangelndes Gleichgewicht beim Erreichen von wichtigen Lebenszielen aber verträgt eine Beziehung auf Dauer nicht.

Beide Partner müssen profitieren

Eine Partnerschaft ist kein Tandem, bei dem die Partner im gleichen Takt in genau dieselbe Richtung fahren. Partner bilden ein Team. Allerdings keines, bei dem einer der beiden nur dafür da ist, dass der andere seine Ziele erreicht. Das grundlegende Gesetz einer jeden Partnerschaft lautet: Beide müssen profitieren. Eine Partnerschaft ist der klassische Fall einer Win-win-Situation: Sie läuft dann gut, wenn tatsächlich beide gewinnen.

Glückliche Paare wissen, was der andere für Lebensziele hat. Sie identifizieren sich mit den Zielen des anderen oder begegnen ihnen zumindest mit Respekt. Glückliche Paare bestehen nicht darauf, dass der andere seine Ziele aufgibt, denn sie wissen, dass es einer der wichtigsten Inhalte einer Partnerschaft ist, einander zu helfen, seine jeweiligen Lebensziele zu erreichen.

Die Ziele des Partners kennen. Hand aufs Herz: Was wissen Sie von den Träumen Ihres Partners, Ihrer Partnerin? Wenn Sie die Ziele des anderen nicht kennen, dann ist Ihre Beziehung wie ein Segelboot ohne Steuer. Mal treiben Sie beide in die eine Richtung, ein anderes Mal in die andere, ziel- und richtungslos, gerade so, wie der momentan vorherrschende Wind es will. Wenn Sie Pech haben, dann treibt der nächste Sturm Sie sogar direkt auf die Klippen zu.

Sorgen Sie dafür, dass Sie die Ziele Ihres Partners kennen. Reden Sie mit ihm, sprechen Sie oft und gerne miteinander. Tauschen Sie sich über Ihre Lebensziele aus, über die Kindheit und Jugend Ihres Partners und über die Vorstellungen, die er sich damals von seinem Leben gemacht hat. Verwenden Sie viel Zeit auf solche Gespräche.

Reden Sie mit ihm nur selten über Dinge wie den nicht gemachten Abwasch oder dass er vergessen hat, die Wäsche von der Reinigung abzuholen. Sie kennen meine tiefe Skepsis gegenüber Kommunikationsexperten, die uns beibringen wollen, unsere Beziehung zu verbessern, indem wir lernen, solche Streitgespräche fair auszutragen. All dies führt nur dazu, dass Sie viel Zeit mit unwichtigen Gesprächen verschwenden und die wirklich entscheidenden Dinge aus den Augen verlieren. Machen Sie es anders. Sorgen Sie dafür, dass Sie die Ziele und Wünsche Ihres Partners kennen und verstehen.

Die Ziele des Partners verstehen. Menschen haben unterschiedliche Lebensziele. Der eine will gerne einmal mit dem Fahrrad quer durch die USA fahren, die andere träumt davon, eines Tages ihre Gedichte gedruckt in der Hand zu halten.

Interessieren Sie sich für die Ziele Ihres Partners. Versuchen Sie vor allem zu verstehen, warum sie so wichtig für ihn sind. Dies ist der wertvollste Teil Ihrer Erbschaft, von der im Rezept Nr. 6 schon die Rede war. Jeder Mensch ist eine ganz einzigartige Mischung von Einstellungen, Werthaltungen und Lebenszielen. Diese Einzigartigkeit des anderen zu verstehen, das ist Ihre Aufgabe. Sie resultiert aus der Vielzahl von Einflüssen, die ihn in seinem Elternhaus geprägt haben, und aus den Entscheidungen, die er später für sein Leben getroffen hat.

Die Ziele des Partners respektieren. Ziele von Partnern müssen nicht gleich sein. Es ist schön, wenn Sie sich mit den Zielen Ihres Partners oder Ihrer Partnerin identifizieren können. Es reicht aber auch schon, wenn Sie ihnen mit Respekt begegnen, weil Sie wissen, dass sie ein wichtiger Teil der Persönlichkeit des anderen sind.

In einer glücklichen Beziehung wird kein Partner die Ziele des anderen respektlos behandeln. Er wird sie nicht lächerlich machen, und er wird nicht erwarten, dass der andere seine

Träume aufgibt. Respektieren Sie die Ziele des anderen. Und helfen Sie ihm, seine Ziele zu erreichen.

Die Ziele des Partners unterstützen. Unterstützen Sie Ihren Partner bei seinen Zielen. Das heißt nicht, dass Sie glauben, dass die Ziele des anderen auch wirklich zu realisieren sind. Möglicherweise sind sie es nicht – oder noch nicht. Möglicherweise sind sie es auch nur in anderer Form. Darauf kommt es nicht an. Er hat sich für dieses Ziel entschieden, und Sie sollten ihm helfen, es zu erreichen oder zumindest ein Stück des Weges dorthin zurückzulegen.

Die wichtigste Form der Unterstützung, die Sie Ihrem Partner oder Ihrer Partnerin geben können, ist das Gespräch. Reden Sie mit ihm über alle Schritte, die er auf dem Weg zu seinem Ziel tut. Stärken Sie ihm den Rücken. Abnehmen können Sie ihm die notwendigen Schritte aber nicht: Er muss den Weg gehen, nicht Sie!

Wenn Ihre Ziele mit denen des Partners kollidieren. Nicht immer ist es möglich, die Träume beider Partner zur gleichen Zeit umzusetzen. Er will ein Abendstudium machen, das viel Geld kostet. Sie möchte gerne ein Haus kaufen, und das ist ebenfalls teuer. Sie möchte aufs Land ziehen, er zieht ein Leben in der Stadt vor.

Aber auch wenn ein Ziel Ihres Partners oder Ihrer Partnerin zurzeit nicht zu realisieren ist – vielleicht weil das Geld, über das Sie beide verfügen, dazu nicht ausreicht –, Sie sollten in jedem Fall seine Wünsche und Träume ernst nehmen und sie unterstützen. Es kommt auf Ihre innere Haltung an. Sind Sie den Wünschen des anderen gegenüber ablehnend, dann riskieren Sie langfristig Ihre Beziehung.

Das bedeutet nicht, dass Sie Ihre Wünsche zugunsten des

Partners aufgeben müssen. Respektieren Sie zum Beispiel den Wunsch Ihrer Frau, der Großstadt den Rücken zu kehren, zeigen Sie Verständnis. Aber bleiben Sie bei Ihrer Haltung, wenn Sie sich solch ein Leben nicht vorstellen können.

Für solch einen Widerspruch gibt es oft keine schnelle Lösung. Häufig bringt erst die Zeit Klarheit. Vielleicht lässt der Wunsch Ihrer Frau nach der ländlichen Idylle mit der Zeit nach. Vielleicht schwindet aber auch Ihr Widerwille gegen das platte Land.

Am wahrscheinlichsten aber ist eine ganz andere Lösung: der Kompromiss, zum Beispiel ein Wochenendhaus auf dem Land und eine Wohnung in der Stadt. Solche Lösungen zu finden, gelingt am besten im offenen Gespräch, mit Respekt vor den Wünschen des anderen und vor den eigenen Lebensvorstellungen.

Werde, der du bist!

Das menschliche Leben erfüllt seinen Sinn nicht, wenn Sie mit Ihrem Partner ausschließlich die abendliche Speisenfolge besprechen, den wöchentlichen Einkauf, den jährlichen Urlaub oder die anstehenden Anschaffungen.

Der Mensch ist ein geistiges Wesen. Das unterscheidet ihn vom Tier. Philosophen aller Epochen haben das so gesehen. Das menschliche Leben duldet keinen Stillstand. Sein Wesenskern ist die Entwicklung. Am deutlichsten hat das der Philosoph Friedrich Nietzsche in seiner Maxime *Werde, der du bist!* ausgedrückt.

Am besten funktionieren demnach Beziehungen, in denen beide Partner der Devise folgen: *Setzen Sie sich Ziele*. Erst auf diese Weise erfüllt sich der tiefere Sinn einer Partnerschaft. In guten Beziehungen spüren beide Partner, dass sie sich innerhalb der Partnerschaft besser entwickeln als ohne sie.

Werde, der du bist! Eine Partnerschaft soll uns bereichern und uns als Mensch reifer und kompletter werden lassen. In ihr sollen wir spüren, dass wir durch das Zusammensein mit dem anderen als Individuum gefördert werden. Wenn beide Partner das so erleben, dann ruht eine Partnerschaft auf einem sicheren Fundament. Dann können wir sicher sein, ein glückliches Paar in einer erfüllten Partnerschaft zu sein.

Schlusswort

Der Alltag in einer Beziehung ist manchmal tatsächlich schwierig, aber häufig machen wir uns die Liebe schwerer, als sie sein müsste. Wenn Sie den *20 Rezepten* für Ihre Partnerschaft folgen, dann ist die Liebe weit einfacher, als uns die Frauenzeitschriften mit ihren vielen Problemrubriken glauben machen wollen. Ich bin mir sicher: Jede Beziehung lässt sich mithilfe der *20 Rezepte* verbessern!

Doch nicht jede lässt sich auf diese Weise auch retten. Manchmal gibt es gute Gründe, die für eine Trennung sprechen. Mag sein, dass Sie einen zu gegensätzlichen Partner gewählt haben oder zu stark verletzt worden sind. Sich für eine Trennung zu entscheiden, ist nicht leicht. Niemand kann Ihnen diese Entscheidung für oder gegen einen Partner abnehmen, diese Entscheidung fällen Sie alleine. Wenn Sie sich zu einer Trennung entschlossen haben, dann stellen Sie einen Plan auf, wie Sie Ihr Vorhaben umsetzen wollen. Lassen Sie Ihren Partner hierüber nicht im Unklaren.

Eine Trennung ist aber immer nur *eine* Lösung, und oft ist diese Entscheidung nicht einmal die beste Lösung. Machen Sie es anders. Geben Sie die Hoffnung nicht auf, sondern halten Sie an Ihrer Liebe fest. Halten Sie insbesondere dann fest, wenn Sie beim Lesen der *20 Rezepte* liebevolle Gefühle gegenüber Ihrem Partner gespürt haben, wenn Sie gespürt haben, was Sie als Paar zusammengeführt und zusammengehalten hat.

Sie haben bereits etwas getan, und zwar etwas sehr Wichtiges! Sie haben zu diesem Buch gegriffen. Sie haben sich mit den *20 Rezepten* für eine glückliche Partnerschaft beschäftigt. Damit haben sie einen wichtigen Beitrag zum Erhalt Ihrer Beziehung geleistet. Oft folgt unser Denken alten, eingeschliffenen Bahnen. Wir ziehen das in Erwägung, was wir bereits kennen. Mit den *20 Rezepten* haben Sie eine Fülle von neuen Möglichkeiten kennen gelernt, wie Sie die Dinge von einer ganz anderen Warte aus betrachten können.

Leider kann ich Sie damit aber noch nicht aus Ihrer Verantwortung für die Zukunft Ihrer Partnerschaft entlassen. Bleiben Sie am Ball! Machen Sie die *20 Rezepte* und ihre unterschiedlichen Zutaten zu Ihrem Projekt, zu Ihrem Partnerschaftsprojekt! Versuchen Sie, die angeführten Vorgehensweisen in Ihrer Partnerschaft tatsächlich umzusetzen. Nehmen Sie sich für jedes Kapitel eine Woche Zeit. Notieren Sie sich am Ende einer jeden Woche, wie es Ihnen selbst mit dem Rezept und mit seiner Umsetzung ergangen ist. Beobachten Sie außerdem genau, wie Ihr Partner darauf reagiert hat.

Weihen Sie Ihren Partner nicht in Ihr Projekt ein. Fordern Sie ihn nicht auf, dieses Buch ebenfalls zu lesen. Es ist *Ihr* Buch. Es ist *Ihr* Projekt. Wenn er die *20 Rezepte* von sich aus lesen will, zum Beispiel, weil er es auf Ihrem Nachttisch hat liegen sehen – kein Problem. Er muss das aber keinesfalls tun.

Verbessern Sie Ihre Partnerschaft also ganz im Alleingang. Vertrauen Sie darauf, dass die wichtigsten Zutaten für eine gute Partnerschaft nicht *streiten*, *Konflikte diskutieren* und *Gefühle rauslassen* sind.

Kümmern Sie sich stattdessen um Ihr eigenes Wohlergehen. Kümmern Sie sich um Ihr gemeinsames Wohl als Paar. Reden

Sie viel und gerne miteinander. Bewahren Sie sich den Blick auf das Positive, auf Ihre eigenen Stärken und auf die Ihres Partners. Wenn Ihnen das gelingt, dann ist Ihre Liebe gekommen, um zu bleiben.

Literaturhinweise

Bernd Frederich: *Die Verliebtheitsfalle. Warum man immer wieder an den falschen Partner gerät und wie man trotzdem glücklich werden kann.* 5. Aufl. Stuttgart 2001.

John M. Gottman: *Die 7 Geheimnisse der glücklichen Ehe.* München 2000.

Mira Kirshenbaum: *Ich will bleiben, aber wie? Neuanfang für Paare.* Bern, München, Wien 1999.

Susan Page: *Jetzt mache ich uns glücklich. Liebevolle Lenkung in Partnerschaften.* Frankfurt 2000.

Josef Rattner/Gerhard Danzer: *Liebe und Ehe. Zur Psychologie der Zweierbeziehung.* Darmstadt 2001.

Dietmar Stiemeling: *Was die Liebe scheitern lässt. Die Psychologie der chronisch gestörten Zweierbeziehung.* Stuttgart 2000.

Judith S. Wallerstein/Sandra Blakeslee: *Gute Ehen. Wie und warum die Liebe bleibt.* Berlin 2002.

Nancy Wasserman Cocola: *Zu sechst im Bett. Wie Eltern und Schwiegereltern in jeder Ehe mitmischen.* München 2002.

Register